La Biblia en español

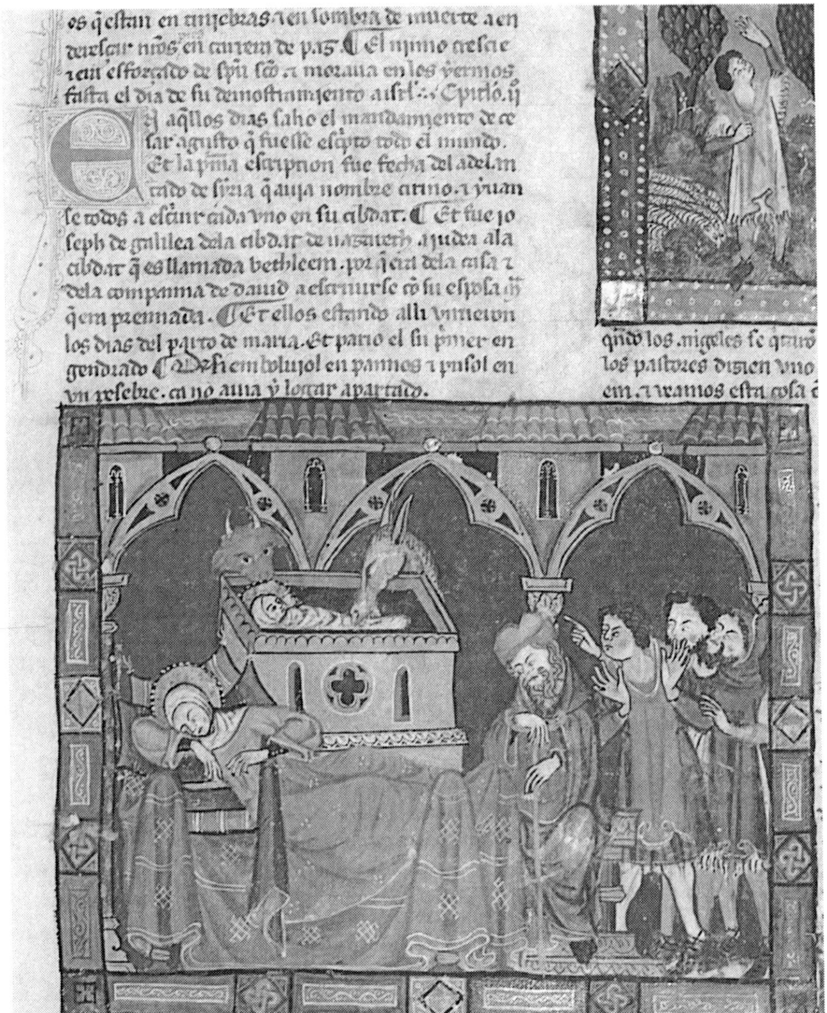

Figura 1. Ilustración de *La Grande e general estoria,* de Alfonso X, el Sabio, con el texto del segundo capítulo de San Lucas. © Patrimonio Nacional. Biblioteca de El Escorial. (MS I.1.2, Folio 191r [detalle])

Serie «Conozca su Biblia»

La Biblia en español: Cómo nos llegó

por Jane Atkins Vásquez

AUGSBURG FORTRESS
MINNEAPOLIS

Dedicatoria

A todos los traductores y traductoras de la Biblia

SERIE CONOZCA SU BIBLIA: LA BIBLIA EN ESPAÑOL

Todos los derechos reservados © 2008 Augsburg Fortress. Con excepción de una breve cita en artículos o análisis críticos, ninguna parte de este libro puede ser reproducida en ninguna manera sin antes obtener permiso por escrito del publicador o de quienes son dueños de los derechos de reproducción. Este volumen es parte de un proyecto conjunto entre la casa editora, la División de Ministerios Congregacionales de la Iglesia Evangélica Luterana (ELCA) y la Asociación para la Educación Teológica Hispana (AETH), Justo L. González, Editor General. Excepto cuando se indica lo contrario, el texto bíblico ha sido tomado de la versión Reina-Valera 1995. Copyright © Sociedades Bíblicas Unidas, 1995. Usado con permiso.

Diseño de la cubierta: Diana Running; Diseño de libro y portada: Element, llc

El capítulo 8 está tomado de la obra original de Jorge A. González, *Casiodoro de Reina, la Biblia Española*. Usado con permiso de la Sociedades Biblicas Unidas, © 1969.

ISBN 978-0-8066-5606-9

El papel usado en esta publicación satisface los requisitos mínimos de la organización American National Standard for Information Sciences —Permanencia del Papel para Materiales Impresos, ANSI Z329.48-1984.

Producido en Estados Unidos de América.

SERIE CONOZCA SU BIBLIA: The Bible in Spanish

Copyright © 2008 Augsburg Fortress. All rights reserved. Except for brief quotations in critical articles or reviews, no part of this book may be reproduced in any manner without prior written permission from the publisher. Visit http://www.augsburgfortress.org/copyrights/contact.asp or write to Permissions, Augsburg Fortress, Box 1209, Minneapolis, MN 55440. This volume developed in cooperation with the Division for Congregational Ministries of the Evangelical Lutheran Church in America, which provided a financial grant, and the Asociación para la Educación Teológica Hispana, Series Editor Justo L. González. Except when otherwise indicated, scripture quotations are taken from the Reina-Valera 1995 version. Copyright © Sociedades Bíblicas Unidas, 1995. Used by permission.

Cover design: Diana Running; Book design: Element, llc

Chapter 8 is taken from the original work of Jorge A. González, *Casiodoro de Reina, la Biblia Española*. Used with permission of the United Biblical Societies © 1969.

The paper used in this publication meets the minimum requirements of American National Standard for Information Sciences—Permanence of Paper for Printed Library Materials, ANSI Z329.48-1984.

Manufactured in the U.S.A.

Esta serie

«¿Cómo podré entender, si alguien no me enseña?» (Hechos 8.31). Con estas palabras el etíope le expresa a Felipe una dificultad muy común entre los creyentes. Se nos dice que leamos la Biblia, que la estudiemos, que hagamos de su lectura un hábito diario. Pero se nos dice poco que pueda ayudarnos a leerla, a amarla, a comprenderla. El propósito de esta serie es responder a esa necesidad. No pretendemos decirles a nuestros lectores «lo que la Biblia dice», como si ya entonces no fuese necesario leer la Biblia misma para recibir su mensaje. Al contrario, lo que esperamos lograr es que la Biblia sea más leíble, más inteligible para el creyente típico, de modo que pueda leerla con mayor gusto, comprensión y fidelidad a su mensaje. Como el etíope, nuestro pueblo de habla hispana pide que se le enseñe, que se le explique, que se le invite a pensar y a creer. Y eso es precisamente lo que esta serie busca.

Por ello, nuestra primera advertencia, estimado lector o lectora, es que al leer esta serie tenga usted su Biblia a la mano, que la lea a la par de leer estos libros, para que su mensaje y su poder se le hagan manifiestos. No piense en modo alguno que estos libros substituyen o pretenden substituir al texto sagrado mismo. La meta no es que usted lea estos libros, sino que lea la Biblia con nueva y más profunda comprensión.

Por otra parte, la Biblia —como cualquier texto, situación o acontecimiento— se interpreta siempre dentro de un contexto. La Biblia responde a las preguntas que le hacemos, y esas preguntas dependen en buena medida de quiénes somos, cuáles son nuestras inquietudes, nuestras dificultades, nuestros sueños. Por ello, estos libros escritos en nuestra lengua, por personas que se han formado en nuestra cultura y la conocen. Gracias a Dios, durante los últimos veinte años ha surgido dentro de nuestra comunidad latina todo un cuerpo de eruditos, estudiosos de la Biblia, que no tiene nada que envidiarle a ninguna otra cultura o tradición. Tales son las personas a quienes hemos invitado a escribir para esta serie. Son personas con amplia experiencia pastoral y docente, que escriben para que se les entienda, y no para ofuscar. Son personas que a través de los años han ido descubriendo las dificultades en que algunos creyentes y estudiantes tropiezan al estudiar la Biblia —particularmente los creyentes y estudiantes latinos. Son personas que se han dedicado a buscar modos de superar esas dificultades y de facilitar el aprendizaje. Son personas que escriben, no para mostrar cuánto saben, sino para iluminar el texto sagrado y ayudarnos a todos a seguirlo.

Por tanto, este servidor, así como todos los colegas que colaboran en esta serie, le invitamos a que, junto a nosotros y desde la perspectiva latina que tenemos en común, se acerque usted a estos libros en oración, sabiendo que la oración de fe siempre recibirá respuesta.

Justo L. González
Editor General
Julio de 2005

Contenido

Figuras

Prefacio

Este estudio intenta continuar la obra de Jorge A. González, profesor de Berry College por muchos años. El profesor González investigó la vida de Casiodoro de Reina, traductor de la Biblia de los idiomas originales. Conocer las circunstancias dramáticas de la creación de la Biblia del Oso era solo el principio para el profesor González. Cada parte de la investigación sobre la Biblia en la lengua española le revelaba un camino nuevo hacia el pasado, con personajes, acontecimientos y logros inimaginables. Al entrar en este tema, el profesor González se sintió obligado a compartir los resultados de sus estudios con alumnos y alumnas, pastores y pastoras, de habla española, ya sea en las clases de seminarios, o en los congresos o los cursillos que ofreció en Cuba, Puerto Rico, México, Estados Unidos y otros lugares.

La reacción de quienes escuchaban la historia de la Biblia en la lengua española frecuentemente fue de asombro y hasta de indignación. «¿Por qué no me dijeron esto antes, mucho antes?», se preguntaban en la clase del profesor González. La historia de las traducciones de la Biblia a otros idiomas, como al alemán por Martín Lutero y al inglés por John Wycliffe, William Tyndale y Miles Coverdale, es bastante conocida. Pero la historia de la Biblia en lengua española es menos familiar. Aunque existen algunos libros y artículos que tratan de este tema, son pocos y no muy fáciles de obtener.

Los quinientos años de la publicación de la traducción de Reina se celebraron con actividades por todo el mundo de habla española. Como parte de ese recordatorio, en 1969 las Sociedades Bíblicas Unidas de

México publicaron *Casiodoro de Reina, Traductor de la Biblia en español* por el profesor González. Hoy se ve la necesidad de publicar la obra del doctor González de nuevo, y por ello se le incluye aquí en el capítulo siete.

En nuestros días existen muchos estudios relacionados con el tema, pero hay pocos resúmenes de la totalidad de la historia de la Biblia entre los pueblos de habla española. El reto para el estudio presente ha sido describir veinte siglos de historia del texto sagrado dentro del contexto de Iberia e Hispanoamérica. Aunque el texto no incluye apuntes enumerados, en la bibliografía se ofrecen obras que amplificarán aspectos diferentes de esa historia. Cuando aparece una cita de otro escritor, se anotan el nombre del autor y la página donde se le puede encontrar.

Estoy muy agradecida a los bibliotecarios y bibliotecarias de la University of California in Los Ángeles, la University of Nuevo México, Princeton University, Claremont School of Theology, Fuller Theological Seminary, Princeton Theological Seminary, el Monasterio de El Escorial en España, el Getty Research Center en Los Ángeles, la Huntington Library en San Marino, California, la Presbyterian Historical Society en Filadelfia, las bibliotecas públicas de las ciudades de Albuquerque, Ferrara, Nueva York y Filadelfia, la Biblioteca Nacional de Madrid; y a todas las personas que me han ayudado a través del sistema de préstamos entre bibliotecas. Las imágenes y el esquema de Biblias se reproducen por cortesía de las instituciones mencionadas donde aparecen en el texto.

Es un placer reconocer a las muchas personas que me han ayudado en la preparación de este estudio. David Cortés-Fuentes, Moshe Lazar, José C. Nieto, Aristomeno Porras†, Javier Pueyo Mena y John Williams demostraron una generosidad y un conocimiento incomparables al responder a mis preguntas, prestarme materiales, leer porciones del manuscrito y mejorar la presentación de las ideas. Las fallas son mías, a pesar del buen consejo ofrecido.

Pedro Zamora, Marcos Abbott y Antonio González facilitaron los trámites con las instituciones españolas. David Tomlinson de San Francisco Theological Seminary/Southern California valorizó el proyecto y proveyó el apoyo de nuestro seminario. Dalila Fletcher, Lydia Gallegos y José L. Medina contribuyeron al financiamiento de la investigación. Carolyn Atkins, mi madre, me animó con su entusiasmo y ayudó con los gastos.

Prefacio

Justo L. González, el editor de la serie *Conozca su Biblia*, siempre ha apoyado este estudio e hizo posible que saliera. ¡Si todos los eruditos tuvieran una visión tan amplia como la suya para ayudar a avanzar la obra de otros!

Edmundo Vásquez, mi esposo, me ha acompañado en cada paso al preparar este estudio. Gracias.

—Jane Atkins Vásquez
Pasadena, California

La Biblia judía en Iberia

Capítulo 1

Iberia, cuna de la lengua y la cultura hispanas, gozó de una variedad de culturas e idiomas desde el comienzo de la época cristiana. Los ibéricos, los celtas, los griegos, los fenicios, los romanos y los judíos establecieron su presencia en la península. Es probable que el cristianismo llegara a fines del primer siglo. Entre estos peregrinos, los judíos empezaron a llegar a Iberia. Para ambos, los judíos y los cristianos ibéricos, la Biblia era de suma importancia.

La Biblia de los sefardíes de Iberia

En el primer siglo d. C. el pueblo hebreo tuvo que abandonar los alrededores de Jerusalén y establecerse lejos de su tierra natal. Algunos fueron al norte de África, otros a las ciudades antiguas del Levante, al extremo oriental del Mar Mediterráneo, otros al norte de Europa y otros a la península ibérica. Los que inmigraron al norte de Europa se conocen como *asquenazíes*. Los que estuvieron en Iberia, África y el Levante se llaman *sefardíes* o *sefarditas*.

Por dondequiera que fueron, los judíos llevaron las Escrituras consigo, pues de ellas dependía su identidad. El idioma, como la fe judía, les distinguía como una comunidad aparte. En las sociedades donde se establecieron se hablaban otros idiomas, como el griego, el latín y un sinnúmero de lenguas regionales. Los judíos tuvieron que adaptarse y vivir en un mundo bilingüe, donde empleaban su idioma traído de

Palestina y el idioma vernáculo de la comunidad donde se encontraban. Así nacieron las lenguas judaico-romances del pueblo sefardí de Iberia. Estos idiomas se basaban en las lenguas regionales (el antiguo castellano, catalán, gallego, etc.) con elementos tomados del hebreo. Se escribían con el alfabeto hebreo, pero se leían y hablaban en el idioma judaico-romance (ladino). En las escuelas de las sinagogas se empleaban estos idiomas vernáculos. Con el paso de los años, la mayoría de los judíos cesaron de hablar el hebreo. Solo los rabinos y los hombres dedicados al estudio mantuvieron el uso del hebreo.

Los judíos letrados bilingües servían como traductores en las cortes de los señores cristianos y musulmanes. Algunos de estos traductores alcanzaron fama por su facilidad con los idiomas y su conocimiento de las letras. Había intercambio entre los letrados de Europa, del norte de África y del Levante. Una gran variedad de personas conocía así la sabiduría de los griegos, romanos, judíos, árabes, persas y cristianos orientales y occidentales; otros la conocían gracias a las capacidades de los traductores. Iberia llegó a ser el centro de la difusión de los textos sagrados, literarios, científicos y filosóficos. El apogeo de este intercambio de obras e ideas se dio en la Edad Media, sobre todo los siglos doce y trece. Esta actividad de recopilar y estudiar textos sagrados y profanos, traducirlos y darlos a conocer en el mundo del Occidente y del Levante proveyó las bases para el Renacimiento y la Reforma siglos más tarde.

La Biblia judía

La Biblia judía de esa época consistía de la *Torá*, o el Pentateuco (Génesis, Éxodo, Levítico, Números, Deuteronomio), los Profetas y las Escrituras (los libros de historia y poesía). En las sinagogas los rabinos, o maestros, leían la *Torá* y los comentarios, todo en hebreo. Sin embargo, había personas en la congregación que no entendían. Los rabinos se preocupaban específicamente por las mujeres y los niños, quienes que no tenían una preparación en hebreo. Por ello traducían el hebreo al idioma regional del pueblo común.

Por muchos años los textos sagrados de los judíos existieron solo en partes separadas, y no como una totalidad. La colección del Pentateuco o la *Torá* es la parte más antigua. Es probable que fuera reconocido

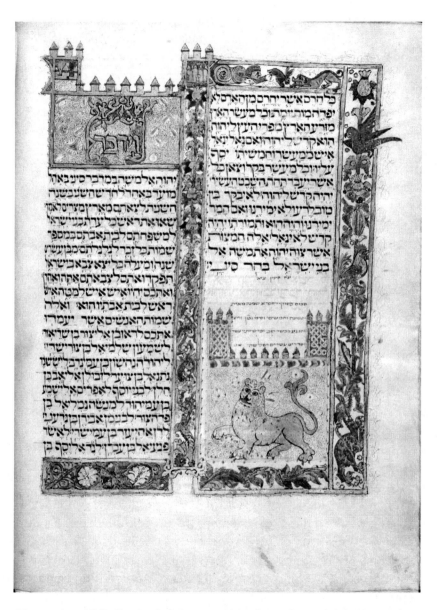

Figura 2. Esta Biblia iluminada hebrea, escrita e ilustrada en el siglo XVI en el sur de España o Portugal, es la culminación de una tradición judía medieval. Esta página muestra el fin del Levítico y el comienzo del Libro de los Reyes. Cortesía de la *Hispanic Society of America, New York*. (MS B241, Fol. 101 v)

como una totalidad en el siglo cuarto antes de Cristo. Los Profetas y las Escrituras (los libros de historia y de poesía) se reconocieron algo más tarde como parte íntegra de las Sagradas Escrituras. Aparte de estos textos había otros que no eran reconocidos por todos los judíos como sagrados y que ahora forman parte de la literatura apócrifa del Antiguo Testamento (Macabeos, Judit y otros).

Uno de los principales centros de estudio judío fue Alejandría, en Egipto. Después de la conquista de la región por Alejandro Magno, en el siglo cuarto antes de Cristo, el griego vino a ser el idioma de Egipto entre los oficiales, comerciantes y eruditos. Alejandría se volvió una de las ciudades principales del Mediterráneo, y tenía una comunidad grande de judíos. Estos judíos alejandrinos hablaban griego, y pocos entendían el hebreo. Según la leyenda, un grupo de setenta rabinos tradujo la Biblia al griego para el beneficio de esa comunidad. Cada uno hizo su propia traducción, y al compararlas todas resultaron exactamente iguales. Aunque se trata de una leyenda, la traducción de la Biblia hebrea al griego se conoce como «La Septuaginta» en reconocimiento de los setenta rabinos legendarios. La Septuaginta sirvió a la comunidad judía por varios siglos, pero fue abandonada por la mayoría de los judíos cuando los cristianos empezaron a usarla en el siglo primero.

Otros textos en hebreo llegaron a Iberia desde Babilonia, donde una comunidad hebrea había vivido en el exilio por siglos. Aunque el hebreo se escribía utilizando solamente letras consonantes, alrededor del siglo quinto los eruditos judíos confeccionaron un sistema de puntos para escribir las vocales. Este texto con vocales se llamó «masorético» —palabra derivada del hebreo *masora*, que quiere decir «tradición». Las Biblias judías de Iberia se basaban en «la verdad hebraica» o el texto masorético. Los eruditos de la comunidad sefardí estudiaban las dos versiones, el texto masorético en hebreo y la Septuaginta en griego, para compararlos —a pesar de las reservas que tenían sobre este último. Su propósito era acercarse más a las fuentes originales de las Sagradas Escrituras.

Las Biblias *romançeadas*

En las sinagogas se leía la Biblia en la liturgia, con un sistema de lecturas basado en el calendario para dar a conocer todo el texto en el curso de un año. El líder se dirigía a la congregación en voz alta, traduciendo al vernáculo del pueblo. A la postre, estas traducciones fueron escritas para formar las primeras Biblias en los idiomas judaico-romances de Iberia. Las más antiguas que sobreviven son del siglo doce. Algunas fueron preparadas para el estudio en las escuelas de las sinagogas, con glosarios y comentarios para facilitar el conocimiento de las palabras y el sentido de la Biblia. Otras se destinaban a los ricos para mejorar sus colecciones de libros. No todos los dueños de estas Biblias eran judíos, pues había interés en la Biblia entre los cristianos. Los propósitos de quienes obtenían una Biblia eran diversos. Los clérigos de alto rango buscaban enriquecer sus iglesias y monasterios con ejemplares bellos de la Biblia. También los nobles y los reyes adquirían la Biblia judía para sus cortes o bibliotecas privadas. Algunas Biblias fueron obsequios a hombres poderosos, con el deseo de ganar su favor. Las Biblias también eran obras de arte, una especie de trofeo que exhibía la riqueza del dueño. Otras fueron adquiridas para mejorar la colección de la biblioteca de una sinagoga o un monasterio, donde se podía estudiar el texto, la caligrafía, las ilustraciones y la confección del libro. Otro motivo de ambos clérigos y laicos fue un deseo genuino de leer la Biblia y entenderla mejor.

La producción de las Biblias antiguas era difícil y costosa. Algunos textos, en forma de rollos, fueron llevados por el pueblo durante la migración judía. Otros fueron adquiridos en otras tierras por los comerciantes y traídos a Iberia para estudiarlos, compararlos y conocerlos mejor. Los escribas copiaban los textos en pergamino hecho de la piel de un animal, con tinta que los escribas mismos confeccionaban. Intentaban no cometer ningún error, y se creía que era necesario destruir todo lo que se había hecho al copiar una Biblia si aparecía un error en la última página. Pero un examen de los manuscritos revela que hubo algunas correcciones en el texto, porque se puede notar que el pergamino ha sido raspado y se ha escrito una letra o una palabra encima de otra. Sin embargo, los escribanos eran muy cuidadosos en su trabajo. Las primeras escrituras judías eran rollos. Pero se adoptó la costumbre de hacer los libros en forma de códices, que eran más fáciles de leer y de conservar que los rollos. Los libros eran grandes, generalmente de 12" a 15" ó 30 a 38 cm. A veces estaban decorados con letras grandes e ilustraciones para embellecer el códice. La obediencia al segundo mandamiento no prohibía hacer imágenes de varios temas, excepto sólo de Dios mismo, y por ello los judíos empleaban bellas ilustraciones en sus Biblias. Los manuscritos más lujosos eran elaborados con tinta de oro, lapislázuli y otras piedras preciosas. De los centenares de Biblias judías, nos quedan hoy menos de veinte. Las demás perecieron durante siglos de persecuciones por parte de los cristianos contra los judíos.

La Biblia de Alba

Existe una Biblia judía destinada a un patrón cristiano, lo que nos indica cuán estrecha era la relación entre las distintas comunidades españolas a pesar de sus conflictos. Se llama la Biblia de Alba porque se encuentra en la biblioteca privada de esa familia ducal. Pero tal vez antes llevó el nombre de su primer patrón, Luis de Guzmán, el gran maestro de la orden de Calatrava. También se le podría nombrar por su traductor, rabí Moses Arragel de Guadalajara y Maqueda, en Castilla.

Don Luis de Guzmán fue un monje-soldado, comandante de una orden que se encargaba de proteger los caminos y mantener la paz en las áreas rurales. Guzmán venía de una familia noble, y fue caballero y guerrero del rey de Castilla. Desde su sede en Toledo escribió al rabí Arragel para pedirle que le hiciera una traducción nueva de las Escrituras Sagradas para entenderlas mejor en su lectura privada. Le dijo que prefería escuchar la lectura de la Biblia para contemplar a Dios antes que participar en las actividades de otros nobles como la caza, escuchar a los poetas o jugar ajedrez o chaquete —parecido a lo que se conoce hoy como *backgammon*. Guzmán quería una versión más moderna, comentada, con ilustraciones. La fama de Arragel le había llegado: era un hombre erudito en la Torá, capaz de traducir y comentar las Escrituras.

El rabí Arragel no quiso hacer la traducción. Las disputas entre los clérigos cristianos y los rabinos sobre la doctrina, la Escrituras Sagradas y otros asuntos religiosos siempre terminaban mal para los judíos. Arragel temía que su traducción y sus comentarios, necesarios para todo erudito judío pío, fueran juzgados blasfemos por su empleador. Además, no quería incluir las ilustraciones planificadas para enriquecer el texto. La correspondencia entre Guzmán y Arragel está reproducida en las primeras páginas de la Biblia de Alba. Arragel defendió el derecho de toda persona de creer, discutir y defender su propia ley religiosa. Dijo «lo que conforme en verdat fuere, non pierde virtud por el decidor, sean doctores Ebreos o Latinos [cristianos]». Pero Guzmán insistió, y le ofreció al rabino la ayuda de dos clérigos para asegurar que la obra fuera aceptable a los cristianos. Por fin, Arragel empezó la traducción en 1422, y después de un largo y estudioso trabajo la terminó viernes, el 2 de junio de 1430. La Biblia fue examinada, primero por un dominico de la Universidad de Salamanca y después por los franciscanos de Toledo. Este examen terminó en una disputa verbal entre los teólogos y los nobles cristianos, los judíos y los moros.

El resultado del trabajo de Arragel fue una Biblia rabínica romanceada, con algunos toques cristianos. Sigue el orden de los libros, las divisiones en capítulos y el vocabulario según el Antiguo Testamento de los cristianos. Goza de unas 300 ilustraciones que reflejan la interpretación cristiana. A pesar de esto, un estudio profundo del texto y una lectura de los comentarios revelan que es una Biblia judía.

El destino de esta Biblia fue casi tan dramático como su creación. Después de la muerte de Guzmán en 1443, su Biblia desapareció por dos siglos. Resulta que fue secuestrada por la Inquisición. El Gran Inquisidor quiso dársela a uno de los grandes de España, pero éste no la aceptó hasta que obtuviera permiso del Santo Oficio para poseerla y leerla. En 1624 el Conde-Duque de Olivares, el hombre más poderoso del imperio español, la recibió a cambio de los servicios que le prestó al Santo Oficio. La Biblia pasó a los duques de Alba.

La Biblia de Alba permaneció en la biblioteca privada de los duques del mismo nombre. Durante el siglo veinte se despertó un nuevo interés en los manuscritos antiguos entre los historiadores y los eruditos de la Biblia. En 1959-60 la Biblia de Alba fue prestada al Museo Nacional en Estocolmo, Suecia, donde fue vista en toda su gloria por el público que pudo viajar a verla. Las miniaturas (ilustraciones) atraían la atención de los historiadores del arte. Los españoles tuvieron la oportunidad de conocer mejor esta obra en 1992 durante las celebraciones del quinto centenario de los acontecimientos famosos de 1492: el fin de la «reconquista», cuando los moros de Granada fueron vencidos; el viaje de Colón y el encuentro con los pueblos y tierras de las Américas. Este también fue el aniversario del decreto real que requirió que los judíos o se convirtieran al cristianismo o abandonaran España de una vez por todas, para siempre. En 1992 el rey Don Juan Carlos retractó esa orden, pidió perdón a los judíos por esa acción y les ofreció la bienvenida a España. Como parte de esta conmemoración, se formó el *Comité Internacional Judío Sefarad '92* con el fin de reconocer la historia del pueblo hebreo en España. Publicaron un facsímile de la Biblia de Alba, que es una copia exacta hasta en los detalles más pequeños. Hoy se pueden ver ejemplares del facsímile de esta Biblia en algunas bibliotecas de los Estados Unidos y otros países.

Mapa. Europa y el mundo mediterráneo en 1550

La Biblia de Ferrara

En 1492 la expulsión de los judíos de España hizo que algunos letrados buscaran refugio en Holanda, Portugal, Italia y el Imperio Otomano. Estos no sólo llevaron consigo los manuscritos de la Biblia, sino también su gran conocimiento de los idiomas. Los grandes comerciantes judíos, que tenían lazos por todo el Mediterráneo y Europa, ayudaron a los pobres y los eruditos de su pueblo con asistencia económica y con su conocimiento del mundo de esa época. Estos dos grupos, los letrados y los ricos, se hicieron socios para proveer Biblias y literatura a los sefardíes desterrados.

La persona más rica de esta comunidad fue una mujer sefardí, Gracia Mendes o Nasi (conocida también por su nombre cristiano, Beatriz de Luna). En la década de 1550 se estableció en Ferrara, Italia, invitada por el duque Hércules II. Éste se interesó en los judíos por su poder económico y sus capacidades como artesanos, y los protegió del Santo Oficio en cuanto pudo. La comunidad de sefardíes en Ferrara creció tanto que hubo entre ellos demanda de libros, sobre todo la Biblia. Dos o tres generaciones habían pasado desde la expulsión de Iberia, y muchos sefardíes ya ni conocían su fe tradicional ni aceptaban la «conversión» forzada al cristianismo, que fue su destino.

Yom Tob Atías (Hieronimus o Jerónimo Vargas) fue un mercader que vino de Portugal. Organizó la publicación de varias obras en ladino, y después en hebreo, todo patrocinado por Doña Gracia. Atías trabajó con Abraham Usque (Duarte Pinel), un tipógrafo que posiblemente huyó de España después de tener problemas con la Inquisición. La destreza de Usque se ve en la calidad de la impresión.

Atías y Usque se dedicaron a preparar una Biblia basada en los manuscritos llevados de Iberia. El primer folio, o página, fue impreso el 4 de septiembre de 1551. Seis meses más tarde los primeros ejemplares de toda la Biblia salieron de la prensa. Pero la impresión fue cuestionada e interrumpida repetidamente por las autoridades de la Iglesia Católica Romana. El duque de Ferrara empleó a un censor suyo, e insistió en la ortodoxia del proyecto. Pero éste no fue el único problema religioso en el ducado. La duquesa Renata, esposa de Hércules, les dio refugio a sus compatriotas protestantes franceses. Entre el judaísmo de sus mercaderes y la herejía de su esposa, el duque tuvo dificultades continuas con el Santo Oficio.

La controversia sobre la Biblia siguió por meses, y el texto refleja los cambios que se juzgó prudente hacer durante el proceso de imprimirla. Esto se nota sobre todo en el cambio que se encuentra en Isaías 7:14, donde los judíos utilizaron la variante *alma* (joven) para describir a la joven madre, pero lo cambiaron a la variante *virgen*. Es este cambio lo que ha dado la impresión de que había una edición cristiana de la Biblia de Ferrara, pero en realidad fue hecho durante la producción del libro para satisfacer a las autoridades eclesiásticas.

La Biblia de Ferrara es un libro grande, de 12" x 8" ó 28.75 x 19.5 cms. El tipo es gótico, y posiblemente viene de un taller en Venecia. Está decorada con iniciales grandes al principio de algunos capítulos. El lenguaje suena arcaico, aun en el siglo XVI cuando fue preparado, porque se basaba en los manuscritos medievales del pueblo sefardí.

El duque de Ferrara defendió a los judíos hasta su muerte en 1559, pero más de un año antes los judíos se habían marchado al Imperio Otomano. Los musulmanes les dieron la bienvenida por las mismas razones por las que el duque lo había hecho. Los sefardíes llevaron sus manuscritos y sus libros a su nuevo hogar, y publicaron más de la literatura judía sagrada y profana. El sobrino/yerno de Doña Gracia heredó su gran fortuna y, amargado por las experiencias en Europa, se alió con el sultán en contra de los cristianos.

El legado de La Biblia de Ferrara

Las circunstancias hostiles hacia los judíos en los reinos católicorromanos motivaron a muchos a marcharse a otras tierras. Los sefardíes del Mediterráneo llevaron sus textos sagrados a sus lugares de refugio, principalmente en el Levante y los Países Bajos. La pequeña república de Holanda, recién liberada del imperio de los Austria, les dio la bienvenida a judíos y protestantes. En Ámsterdam había varias imprentas que se dedicaron a la literatura sagrada judía, sobre todo en el idioma romance-hebreo.

Después de su publicación inicial en 1553, la Biblia de Ferrara fue reimpresa en su totalidad a lo menos seis veces en Ámsterdam: en 1611, 1630, 1646, 1611, 1726 y 1762. También se publicaron varias porciones de ella —el Pentateuco con lecturas de los profetas nueve veces, y los Salmos cuatro veces. Distintos editores introdujeron algunos cambios

Figura 3. *La Biblia de Ferrara*, publicada en 1553. Esta Biblia, traducida al ladino (hebreo-español), sirvió a los sefardíes por más de 200 años. *General Collection. Beinecke Rare Book and Manuscript Library, Yale University.*

para actualizar el idioma, porque sonaba muy arcaico y a muchas personas les resultaba difícil de entender. A pesar de esta dificultad, la Biblia de Ferrara se usó durante dos siglos, desde su primera publicación en 1553 hasta 1762. En ese año una Biblia bilingüe, en hebreo y español, fue publicada en Ámsterdam.

La Biblia de Ferrara fue distribuida a la comunidad sefardí en Holanda, y de allí a toda Europa y el Levante. En algunas ciudades, como Frankfurt en Alemania, se vendía en las ferias que gozaban de una clientela internacional. Casiodoro de Reina, el traductor cristiano de la Biblia al español publicada en 1569, obtuvo un ejemplar y lo usó, como dice en su introducción o amonestación al lector: «De la vieja translación española del Viejo Testamento, impresa en Ferrara, nos avemos ayudado en semejantes necesidades más que de ninguna otra que hasta ahora ayamos visto...». Es interesante notar que la traducción de Casiodoro, hecha por un cristiano para el uso de otros cristianos, también fue usada por judíos. Muchos de los sefardíes que emigraron a Holanda ya no conocían el hebreo, ni conocían los principios de su fe ancestral por haber sido bautizados a la fuerza en la Iglesia Católica Romana. Tales personas aprovechaban la obra de Reina para entender mejor sus Sagradas Escrituras.

La Biblia de Ferrara sirvió una vez más a la comunidad para la que fue publicada. Las sociedades bíblicas del siglo diecinueve tenían interés en los judíos de las tierras de lo que hoy son Grecia y Turquía. Un misionero fue mandado desde Boston a Constantinopla en 1838 para conocer el pueblo judío, con el fin de evangelizarles. Se dio cuenta de la necesidad de una Biblia en la lengua sefardí, y se dedicó a este trabajo por casi dos décadas. Usó varias Biblias, incluyendo la de Ferrara, para hacer su nueva obra. Trabajaba con un rabino, quien venía a su oficina para ayudarle. El norteamericano produjo un «ladinamiento aljamiado de la Biblia», es decir en el idioma ladino escrito en letra hebrea. Publicó 3,000 ejemplares en 1842. El rabino principal le recomendó a su comunidad esta Biblia publicada por la Sociedad Bíblica Americana. Los motivos de los cristianos se basaban en su deseo de evangelizar a los judíos, mientras éstos cooperaron para conseguir una Biblia que les serviría en su propia religión.

La Biblia de Ferrara es una obra sobresaliente que muestra la tenacidad de los eruditos y la destreza de los impresores durante una época conflictiva. La historia de esta Biblia judía se relaciona estrechamente con la obra traductora de los cristianos del siglo dieciséis. Las dos comunidades, la judía y la cristiana, han gozado de esta Biblia por los siglos. Afortunadamente, hay ejemplares que se pueden ver hoy en varias bibliotecas de los Estados Unidos y de Europa.

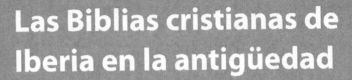

Las Biblias cristianas de Iberia en la antigüedad

Capítulo 2

En los primeros dos siglos después de Jesucristo, los distintos pueblos de Iberia y del Mediterráneo hablaban muchas lenguas según sus localidades. Además, se comunicaban con el resto del mundo en dos idiomas: el latín y el griego. Estos idiomas facilitaron la diseminación y la preservación de la cultura grecorromana durante los primeros siglos de la época cristiana, conocida como la antigüedad. Los conocimientos de las civilizaciones griegas y romanas se comunicaron al mundo por medio de estas lenguas.

Los cristianos leían y escuchaban los libros del evangelio y las cartas de San Pablo en griego, el idioma en que fueron escritos, que era también la lengua común del Levante, Grecia, las islas del Mediterráneo oriental y Asia Menor. Al principio no existía una Biblia completa, sino porciones sueltas, escritas en rollos. Este griego antiguo se relaciona con el griego moderno, pero es distinto. Los textos bíblicos más antiguos que tenemos hoy día son fragmentos del segundo siglo, en papiro, de Biblias de Egipto, en griego y en copto. El griego fue introducido a Egipto con la llegada de Alejandro Magno (356-323 a. C.). El copto desciende de la lengua de los antiguos egipcios y todavía se conserva en la liturgia de la iglesia cristiana copta.

Los misioneros cristianos, que eran comerciantes, militares y otros viajeros, llevaron su fe hacia el occidente —lo que hoy son Italia, España, el norte de África y las islas del Mediterráneo occidental, Francia, Alemania y las Islas Británicas. Lejos de Grecia y la Tierra Santa, los habitantes de estas tierras hablaban otros idiomas, y pocos conocían el hebreo o el griego.

14

El idioma predominante en el occidente era el latín, hablado en el Imperio Romano. Muchos habitantes de esta región eran bilingües, pues conocían su propia lengua indígena y el latín. Durante los dos primeros siglos, algunos cristianos de Roma, el corazón del antiguo Imperio Romano, escuchaban y leían la Biblia en griego. Pero, a pesar de que el griego era el idioma de la civilización más admirada por los romanos, pocos en el occidente lo hablaban. Si iban a entender el Evangelio y las cartas del Nuevo Testamento era menester traducir los textos del griego al latín. En este mundo occidental el latín llegó a dominar en la iglesia cristiana pocas generaciones después de Jesucristo.

Las Biblias de Constantino

Los cristianos eran motivo de sospecha por parte de los oficiales del Imperio Romano porque no observaban los ritos de adoración a los dioses antiguos ni a los emperadores. Los seguidores de Jesucristo sufrieron una serie de persecuciones duras bajo los romanos, dejándonos los testimonios de mártires que murieron por su fe. Por eso los únicos rastros que nos quedan del Nuevo Testamento de los primeros dos siglos son fragmentos de papiro descubiertos en el desierto de Egipto.

La situación de los cristianos cambió cuando el emperador Constantino (280-337 d. C.) les puso fin a las persecuciones en el año 314 —con el resultado de que pocos años más tarde el cristianismo era la religión oficial del Imperio. Este emperador, que había sido general y había nacido en Dalmacia al este del mar Adriático, se veía a sí mismo como el sucesor de los emperadores que vivieron en Roma. Por razones políticas y militares, quiso fundar una nueva capital sobre la ciudad antigua de Bizancio, en el estrecho que separa a Europa de Asia. La gran mayoría de las escrituras cristianas estaban en griego, idioma que Constantino no dominaba. Sin embargo, el Emperador quiso propagar la fe en esa lengua. Para las iglesias que fundó, o convirtió de templos paganos a iglesias cristianas, Constantino necesitaba textos sagrados. Como Constantino no sabía la palabra exacta para lo que quería, tuvo que describirlo: «cincuenta cuerpecitos de dos hojas… en pergamino… en una forma conveniente y portátil» —es decir códices o libros. Es probable que fueran códices de los Evangelios, los Salmos y tal vez las Epístolas. En esa época todavía era excepcional tener una Biblia completa, con todo el Antiguo y el Nuevo Testamentos encuadernados juntos.

Hoy existen dos biblias casi completas del siglo cuarto. Estas se llaman el códice Vaticano, porque se ha guardado en la biblioteca del Vaticano por siglos, y el códice Sinaítico, porque se conservaba en un monasterio en el Monte Sinai hasta tiempos recientes. Ambos están en griego.

La *Vetus Latina*

En el occidente del Mediterráneo no se hablaban tanto el griego, sino más bien el latín. Los romanos habían colonizado el norte de África, llevando su idioma a los centros comerciales, militares y cívicos. En esa época las tierras al norte del Sahara recibían más lluvia que ahora y eran el granero del Imperio Romano. El cristianismo fue llevado a África en los primeros dos siglos, mediante el testimonio de las personas y los textos bíblicos. Ya por el siglo segundo la iglesia cristiana era muy fuerte en África. Los habitantes hablaban una variedad de lenguas, sobre todo el fenicio de los antiguos marineros del Levante. Sin embargo, su idioma para la comunicación internacional era el latín. Como los cristianos africanos no entendían bien el hebreo ni el griego, necesitaban las escrituras sagradas en latín. Hicieron una de las primeras traducciones de la Biblia, la *Vetus Latina*. En el siglo tercero esta versión de la Biblia circuló por el norte de África y llegó a Iberia. También aparecieron otras traducciones de la Biblia al latín en Siria, Italia y Europa. Estas versiones estaban en el latín hablado por el pueblo en cada región, y no en el idioma elegante de los eruditos. En Iberia la *Vetus Latina* fue la versión de la Biblia preferida por muchos siglos. No perdió su popularidad a pesar de la fama de otra versión que llegó a ser la Biblia oficial de la Iglesia Católica Romana, la Vulgata.

La Vulgata

En el año 373 Jerónimo, hijo de una familia rica de Dalmacia, se mudó al desierto de Siria para vivir como ermitaño. Había estudiado el griego y la literatura clásica, pero no se contentó con esta preparación. Por un fuerte deseo de profundizar su conocimiento de las Escrituras, estudió el hebreo con un judío converso al cristianismo. En Antioquía, una de las sedes mayores del cristianismo antiguo, Jerónimo fue ordenado como sacerdote. En 381 el papa Dámaso le pidió que interpretara un pasaje difícil del sexto capítulo de Isaías. Jerónimo utilizó el texto hebreo y lo comparó con las versiones en griego. Este método, de analizar más de una fuente para entender mejor un texto bíblico, permitía un conocimiento más profundo del sentido del texto. El Papa reconoció el valor de dones de Jerónimo y lo llevó a Roma como su secretario. Además animó al joven a seguir con sus estudios bíblicos. Al fin, el Papa le encargó hacer una traducción nueva de la Biblia al latín. Cuando Dámaso murió, el nuevo papa no estaba interesado en la obra de traducción. Jerónimo abandonó Roma para ir a vivir en Antioquía, y después en Belén. Aunque quería ser ermitaño, su fama de santidad y sabiduría era grande. Paula, una mujer rica, y su hija, Eustoquio, le buscaron para que las guiara en una vida espiritual retirada. Jerónimo les enseñó el hebreo y el griego a ellas y a un grupo de mujeres que querían poder leer la Biblia en sus idiomas originales. Paula y Eustaquio fundaron un convento para mujeres, y vivían en él. Con el apoyo económico de Paula, Jerónimo pudo mantenerse y seguir sus estudios. Diariamente daba conferencias, estudiaba y escribía. Con el paso del tiempo, le fue necesario usar secretarios porque su vista se debilitó.

Jerónimo describió su método de traducir, diciendo que en teoría se debe traducir por la correspondencia de sentido, pero que con la Biblia debía ser distinto. «Pongo aparte la Sagrada Escritura, en la que aun el orden de las palabras encierra misterios». Esta idea, de que se debe traducir palabra por palabra, literalmente, sin importar si se entiende o no, rigió la traducción de la Biblia hasta los tiempos modernos. A pesar de este gran cuidado por preservar lo original, otros eruditos se oponían a todo esfuerzo de traducir la Biblia. Agustín criticó a Jerónimo por su trabajo, pero otros se interesaban en el gran aporte que tal traducción daría al entendimiento del sentido de las Escrituras. Jerónimo escribió comentarios y manuales para el estudio de la Biblia. Su método requería una comparación de las traducciones actuales con los manuscritos antiguos para llegar a un entendimiento del sentido original.

Jerónimo mantuvo correspondencia con muchas personas mientras se dedicaba a su traducción —una labor que duró más que veinte años. En el año 397, un cristiano llamado Lucinio Bético le escribió para pedirle la nueva traducción. Para tener una Biblia libre de los errores que tantos manuscritos tenían, Lucinio quería conseguir la traducción nueva, y mandó a seis escribanos a Jerusalén para copiarla. Como su nombre indica, Lucinio vivió cerca de lo que hoy es Sevilla en la provincia romana de Bætica, actualmente Andalucía. Él y su esposa, Teodora, habían decidido dejar de vivir como cónyuges para dedicarse a una vida monástica. Jerónimo le contestó:

1. Cuando ni por las mientes me pasaba, dierónme súbitamente tu carta, la cual, cual cuanto fue más inesperada, tanto fue mayor el gozo que me produjo, despertando mi alma dormida, para abrazar sin demora por el amor al que de vista desconocía….

5. Me dices que deseas tener mis obras; deseo, por cierto, que nace antes de tu bondad que de su valía. Pues yo se las di a tus hombres para que las trasladaran y, copiadas, las he visto en los cuadernos….

7. He recibido las dos capillas y el zamarro que tu usas. Acaso sean para mí, acaso los regale a los santos. Yo te mando a ti y a tu hermana las insignias de nuestra pobreza y símbolos de la diaria penitencia: cuatro cilicios, acomodados a vuestra profesión y prácticas, y un códice, esto es, las visiones, muy oscuras, de Isaías, que poco ha he declarado en su sentido literal. De esta manera, cuantas veces pongas los ojos en mis libros, otras tantas te acuerdes del amigo dulcísimo y aprestes la navegación que has dilatado un poco. Y pues el camino del hombre no está en su propia mano, sino que el Señor dirige sus pasos (Prov. 20, 24), si acaso sugiere —lo que Dios no permita— algún impedimento, ruégote no separe la distancia de las tierras a los que une la caridad; y, por el intercambio de cartas, sintamos siempre presente a nuestro amigo Lucinio (*Carta lxxi* [Ruiz Bueno 1962, 678, 682, 684]).

Jerónimo supervisó la labor de los escribas, y los primeros ejemplares de la Biblia fueron llevados a Iberia. Los escribanos terminaron de copiar la traducción que Jerónimo hizo del Antiguo Testamento (menos el Octateuco, los primeros ocho libros) del hebreo antiguo al latín, escrita en páginas de pergamino encuadernadas para formar un códice. Pero antes de que las copias nuevas llegaran a Iberia, Lucinio murió. Jerónimo mandó sus condolencias a la viuda, Teodora, y ensalzó el fervor y la diligencia de Lucinio en su amor por las escrituras.

La traducción que hizo Jerónimo usaba un latín más elegante que las otras versiones, como la *Vetus Latina*, pero por mucho tiempo no fue aceptada. Esta versión adquirió el nombre de Vulgata porque cuando fue traducida del hebreo y griego, el latín era la lengua hablada por «el vulgo» o el pueblo común. Algunos ejemplares de la Vulgata tienen glosas, o interpretaciones, con una versión arcaica, como la *Vetus Latina*, escrita en los márgenes. De esta manera era posible leer las dos versiones a la vez.

La Vulgata llegó a ser la versión oficial de la Iglesia Católica Romana. Al mismo tiempo, por más de mil años varias versiones latinas de la Biblia siguieron existiendo en Iberia. La *Vetus Latina* fue la Biblia usada por Egeria, una peregrina del siglo cuatro.

Egeria

Pocos años después de Jerónimo, en el mismo siglo cuarto, Egeria, una mujer de Galicia en el norte de Iberia, viajó a la Tierra Santa. Escribió un diario en latín, dirigido a sus «amadas hermanas» en Galicia, con citas de la *Vetus Latina* y de los escritores patrísticos. El diario de Egeria muestra el entusiasmo y la perseverancia de una peregrina inteligente de la antigüedad. Se había preparado para su peregrinaje leyendo obras de Jerónimo, y le cita palabra por palabra. Sin embargo, a pesar de conocer algunos escritos de Jerónimo, no usó ni mencionó su nueva traducción bíblica.

El propósito de Egeria fue conocer mejor los sitios donde habían transcurrido los acontecimientos de la Biblia. Quería enfatizar la realidad concreta de la Tierra Santa. Es posible que haya sido una canóniga, con responsabilidad para celebrar la liturgia en su iglesia gallega, porque tenía mucho interés en el culto. En Jerusalén Egeria observó cómo las Escrituras Sagradas eran incorporadas en el culto: los salmos y las lecciones escogidas cuidadosamente según el tiempo del año y el sitio donde el servicio se celebraba. El patrón de la liturgia, semejante al orden en el culto de hoy, ya estaba más o menos establecido en esta fecha temprana. Las citas bíblicas que Egeria apuntó son de la *Vetus Latina*. Todavía no conocía la traducción de la Biblia por Jerónimo, porque no había circulado donde ella vivía.

Los visigodos

En los primeros siglos de nuestra era todo tipo de pueblo llegaba a la península ibérica. Los primeros invasores, los fenicios del Levante, se establecieron en las costas. Los romanos, llegando un poco después, intentaron dominar toda la península, pero nunca pudieron someter a las tribus del noroeste. Los griegos, procedentes del Imperio Bizantino cuya capital era Constantinopla, llegaron una y otra vez a la costa sureste, donde mantenían bases y ciudades.

Hacia la mitad del siglo quinto los visigodos empezaron a invadir la península. Venían del Cáucaso, empujados por la gran migración de las tribus asiáticas, y pasaron por Grecia, Italia y las Galias antes de llegar a los territorios ibéricos. Los visigodos se habían convertido al cristianismo arriano, que los romanos juzgaban herético. Su sociedad era dirigida por señores militares con el apoyo de obispos arrianos. En el año 587 aceptaron el cristianismo de la Iglesia Católica Romana. Incapaces de mantener una sucesión pacífica de reyes ni de dirigir una sociedad civil, dependían mucho de los oficiales eclesiásticos. Isidoro de Sevilla, obispo, escritor, maestro y enciclopedista, fue el más destacado de los líderes de su tiempo.

Isidoro de Sevilla

La Vulgata, conocida en Iberia desde los tiempos de Lucinio y Jerónimo, ya había sido copiada por más de dos siglos. En Bætica el obispo Isidoro (c. 560-636) encarnó el «hispano romano cristiano» de la antigüedad tardía. Para Isidoro y sus contemporáneos, el latín era el idioma en que mejor podían leer, escuchar y comprender la Biblia. Este gran erudito comprendió la importancia para los cristianos de poder leer la Biblia. «La lectura de la Sagrada Escritura produce dos bienes: el primero de instruirnos, el otro de conducirnos al amor de Dios, separándonos del mundo. Los perfectos encuentran en ella la sublimidad de inteligencia, y los simples encuentran en ella las instrucciones adecuadas a su capacidad; de esta manera se acomoda a la capacidad de todos, como el maná se adaptaba al gusto de cada uno de los israelitas» (*Suma Bien*. Libro I, cap. 16 y III, cap. 8 citado en Flores 1978, 23).

La confección de Biblias

Desde los primeros años después de Cristo, los Evangelios y las cartas fueron preservados en forma de códices, o libros, compuestos de páginas de papiro, doblado y cosido. El códice tenía ventajas sobre el rollo. Era más económico, preservaba las páginas en mejores condiciones, era mucho más fácil de manejar que los rollos, facilitaba la lectura y el transporte de la Biblia y mantenía los libros en un orden específico.

El crecimiento de la vida monástica entre hombres y mujeres proveyó instituciones donde fue posible desarrollar la producción de libros, todo hecho a mano. Las hojas se hacían de pergamino, que duraba más que el papiro. Los escribas confeccionaban las tintas antes de copiar los textos y los artistas decoraban las páginas. Algunas de estas Biblias fueron destinadas a las bibliotecas y las iglesias de los monasterios; otras fueron regaladas a los obispos, los nobles y los monarcas. Hubo mucho intercambio de manuscritos dentro de Iberia, por el Mediterráneo y hasta el norte de Europa. Es posible identificar la fecha y el lugar de origen de los manuscritos por el estilo de caligrafía, las decoraciones y las ilustraciones.

La encuadernación protegía los manuscritos. También reflejaba la importancia de la Biblia como algo sagrado y valorizado. Las más lujosas proclamaban el estado elevado de su dueño. La base de la encuadernación era dos tablas cubiertas con piel o tela, como el terciopelo. Algunas Biblias estaban decoradas con oro, plata y piedras preciosas. Estas encuadernaciones lujosas fueron objetos codiciados por su gran valor económico, y también robadas y llevadas como botín de guerra. Las guerras continuas no fueron propicias para la preservación de los libros. Milagrosamente, algunas Biblias sobrevivieron hasta nuestros días.

Isidoro es conocido como el hombre que guardó los conocimientos de su mundo para entregarlos a las generaciones futuras. Fue el gran enciclopedista de su tiempo. Recopiló los escritos de los eruditos de la época clásica, para crear un sistema de los conocimientos del mundo grecorromano. Escribió una serie de obras exegéticas, históricas, científicas y legales. Con este trabajo preservó mucho del mundo antiguo, y esto fue transmitido a Europa siglos más tarde por medio de lazos entre los monasterios de Iberia, Francia y las Islas Británicas. Isidoro también fue conocido por su profunda fe cristiana. Influyó mucho sobre la interpretación de la Biblia en la Edad Media. Su obra fue reconocida como fundamento de la civilización europea desde el siglo VII hasta el XV. Sentía una admiración profunda hacia Agustín, y ayudó a preservar y dispersar el pensamiento de ese gran teólogo. Desarrolló un esquema de todo lo conocido y lo presentó con simplicidad de estilo. En su biblioteca en Sevilla, tenía retratos de los grandes escritores y filósofos de la antigüedad, con estantes de sus obras debajo de sus retratos. Preparó un Salterio que fue utilizado después por los mozárabes.

Isidoro fue conocido por sus escritos, particularmente las *Etimologías,* donde organizó y preservó lo mejor de la cultura cristiana y de la cultura pagana de la antigüedad. Su obra fue estudiada por más de mil años, e hizo posible la transmisión de la sabiduría de los griegos y romanos a generaciones posteriores.

Isidoro también ejerció el oficio religioso-civil de un obispo en una edad insegura. Dirigió varios concilios de la iglesia para legislar y darle estabilidad al mundo hispano-visigodo. Su obra de canonista incluye *De los oficios eclesiásticos* y *Regla de los monjes.* También escribió *Historia de los vándalos* e *Historia de los suevos*, sobre dos grupos de invasores que habían luchado para dominar Iberia. Estas historias se abren con un canto entusiástico «Loor de España», con antiguas alabanzas dirigidas a una patria, más que a una provincia.

Cuando el obispo Isidoro murió en el año 636 d. C. el mundo mediterráneo todavía se orientaba hacia el pasado clásico de los griegos y romanos. Roma había sido saqueada por los godos en el año 410. La civilización grecorromana de la antigüedad, con su política centralizada, sus centros metropolitanos, su comercio internacional y sus eruditos, había sido desplazada.

Isidoro pensaba que la cultura grecorromana era inmutable. Pero su alumno Braulio, obispo de Zaragoza, vio que no fue así, que el mundo había cambiado para siempre. Isidoro y Braulio vivieron no sólo en el ocaso del mundo clásico sino también en la época breve de los reyes visigodos. En menos de un siglo los pueblos de Iberia padecieron otra invasión violenta. Los moros trajeron otra cultura y religión cuando invadieron la península en el año 711.

Las Biblias de los mozárabes y los monasterios de la frontera

Capítulo 3

Iberia sufrió otra invasión en 711. Los moros, de origen árabe y berebere, conquistaron las tierras del norte de África, desde Arabia hasta el Mar Atlántico. Entonces cruzaron a Iberia por el estrecho de Gibraltar, y pronto se establecieron en casi toda la península. Llamaron a su nuevo territorio Al-Andalús. Solo los pequeños reinos de cristianos en las montañas del norte se mantuvieron independientes de los invasores.

Los moros seguían al profeta Mahoma (c. 570-632 d. C.), el fundador del islam. Llevaron una nueva religión que querían establecer con todo el fervor del recién convertido. El Corán era su libro sagrado, escrito en árabe y decorado en un estilo distinguido por su elegancia y sencillez. Reconocían a los judíos y los cristianos como «pueblos del libro». Estos podían seguir su propia religión, pero tenían que pagar un impuesto y sus posibilidades de progreso social eran limitadas. Toda persona ambiciosa tuvo que aprender a comunicarse en el idioma dominante, el árabe. Los cristianos, una mezcla de los iberos originales, los romanos y los godos, fueron designados *moçtareb* en árabe, o mozárabe en español (arabizado; cristiano residente en tierra islámica). La identificación de las personas, su estatus civil y sus derechos como ciudadanos dependían de su religión.

El idioma de la liturgia cristiana en Al-Andalús era el latín, pero el árabe llegó a ser la lengua utilizada en la vida cotidiana por todos los habitantes, incluso por los cristianos. Con el paso de los siglos estos mozárabes perdieron el latín o el romance y hablaban el árabe como su idioma principal. Para comprensión del pueblo, se mandó hacer una traducción de la Biblia al árabe en el año 1210. Las leyes de los concilios eclesiásticos del período visigótico también fueron traducidas al árabe. Entre los oficiales de la iglesia cristiana hubo una preocupación por la falta de comprensión del latín, el idioma de la Biblia y de la iglesia cristiana, y algunos no estaban de acuerdo con las traducciones al árabe. Siempre había una tensión entre la necesidad de presentar la Biblia al pueblo de una manera comprensible y el deseo de mantener el latín como idioma eclesial.

Toledo

Los godos habían tenido su capital y su catedral principal en la ciudad antigua de Toledo, en el centro de España. Los moros conquistaron a Toledo en 711 y reinaron allí por más de tres siglos. A pesar de la presencia musulmana, Toledo seguía siendo la sede principal de la iglesia cristiana, pero con una autoridad reducida. La ciudad gozaba de fama como centro de conocimientos de las culturas de la antigüedad. Textos traídos a Toledo de tierras lejanas por los judíos y los musulmanes formaban la base de un intercambio internacional de literatura, filosofía, historia, ciencia y otras disciplinas.

Las autoridades eclesiales en Toledo se consideraban superiores a los otros cristianos de España, por la continuidad que se les reconocía con el pasado hispano-romano-visigodo. Pero no tenían el apoyo de un rey cristiano, porque eran súbditos del gobierno musulmán. Este cambio político y militar tuvo efectos profundos en la religión cristiana en España.

La resistencia cristiana

En las montañas al norte de Castilla, los señores militares formaban otros centros de autoridad religiosa y política. Los nobles luchaban entre sí, mientras conducían también campañas militares contra los musulmanes. Poco a poco, los cristianos se apoderaron de lo que hoy son León y Castilla la Vieja. La carencia de pobladores siempre les dificultaba el control de la frontera con los moros, por lo que promovieron la migración hacia esas tierras. En las villas reestablecidas o nuevamente fundadas, los cristianos construyeron palacios e iglesias. Alfonso III (866-

911) invitó a monjes de Andalucía establecerse al norte de la frontera nueva, en las tierras medio abandonadas. Huyendo de las dificultades de vivir bajo un gobierno no cristiano, monasterios enteros se trasladaron hacia el norte. El monarca patrocinó la creación de muchas obras de arte con temas cristianos: cruces y cálices de metales preciosos, relicarios para los restos de los mártires y los santos y esculturas de piedra para los nuevos edificios. Los monasterios y las iglesias nuevas necesitaban Biblias. Todo esto ocasionó un avivamiento cultural en el siglo décimo.

Las Biblias

¿Cómo lucían las Biblias de esas épocas tan remotas? De la antigüedad y la época visigoda no nos quedan Biblias, porque no sobrevivieron a la invasión de los moros y las guerras subsecuentes. Sin embargo, es posible imaginarlas porque existen manuscritos copiados de ellas.

Las antiguas Biblias españolas incluían manuscritos preparados en el siglo X, basados en textos más viejos. Tienen un estilo particular de la época y de la región donde se originaron. Todas gozan de una clase de escritura y decoración, llamada arte mozárabe, y son conocidas por sus ilustraciones únicas. Cuando estas Biblias fueron copiadas en los siglos X y XI, la cultura ibérica ya incluía influencias artísticas de los coptos de Egipto, los griegos, los visigodos y los árabes, entre otros.

La Biblia Hispalense

De todos los códices de la Biblia que deben haber existido en los territorios controlados por los moros, solo uno ha perdurado. Éste se llama la Biblia Hispalense (de Hispalis, el nombre romano para Sevilla). La Biblia Hispalense es la única Biblia ilustrada que se ha podido verificar como confeccionada en su totalidad en Andalucía.

Todo indica que la Biblia Hispalense fue ejecutada por un escribano y un ilustrador mozárabes en el siglo X, en Andalucía. El texto pudiera relacionarse con una Biblia de Isidoro del siglo VII.

Las ilustraciones tienen un carácter distinto, que no se ve en otros manuscritos ni antes ni después de éste. Los diseños y el uso del espacio en la página muestran la influencia del arte islámico. Hay ilustraciones de los profetas Miqueas, Nahum y Zacarías vestidos al estilo árabe. Hay glosas (notas) en árabe en los márgenes de las páginas. Por ejemplo, al principio del libro de Daniel aparece un pájaro con el título escrito en árabe en el cuello: «El Comienzo de la Historia de Daniel». Quienes hicieron esas ilustraciones tomaron ideas de una variedad de fuentes: lo clásico grecorromano, lo visigótico, lo islámico y tal vez un estilo particular del lugar donde esta Biblia fue confeccionada, Sevilla.

Las tablas del canon

Las Biblias de la antigüedad no tenían capítulos o versículos numerados. Resultaba difícil comparar los cuatro evangelios o encontrar los pasajes que se quería leer. Para solucionar este problema, la tabla del canon fue creada por el obispo Eusebio de Cesárea (m. c. 338), historiador y ayudante del emperador Constantino I.

La tabla del canon se presentaba como un esquema gráfico, con listas de palabras en columnas paralelas. Llevaba una ilustración de un atrio clásico, indicando una entrada a un edificio distinguido; en efecto, era la entrada al texto sagrado. Esta tabla presentaba la concordancia entre los evangelios y consistía en listas de pasajes:

I	los pasajes que aparecen en cada uno de los cuatro evangelios;
II-IV	los pasajes que aparecen en tres de los evangelios;
V-IX	los pasajes que aparecen en dos de los evangelios;
X	los pasajes que aparecen en uno solo de los evangelios.

En los márgenes del texto había un número que correspondía al número del pasaje indicado en los otros evangelios.

Las ilustraciones que encabezaban las listas representaban a quienes habían escrito esos libros. Algunas tablas también incluían los siguientes símbolos:

Mateo	el hombre
Marcos	el león
Lucas	el buey
Juan	el águila

Hubo tablas del canon en todas las lenguas conocidas por los cristianos.

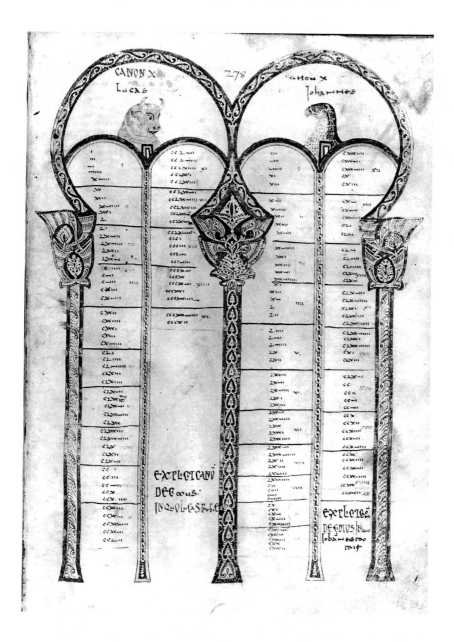

Figura 4. *Las tablas del canon de la Biblia Hispalense.* Esta Biblia fue hecha por el obispo Servandus de Andalucía en Sevilla, c. 988 d.C. Es la única Biblia de origen andaluz que tenemos. © *Biblioteca Nacional de España, Madrid.* (Vit. 13-1, Fol. 278r)

La procedencia de la Biblia Hispalense se establece con seguridad, dada la información en el colofón en la última página. Esta Biblia fue propiedad del obispo Servandus de Ecija en Andalucía (c. 900 d. C.), y es probable que él fuera el autor, o la persona responsable de la creación del libro. Servandus se la dio al obispo Johannes, primero de Cartago (España) y después de Córdoba. El 23 de diciembre del 988 Johannes se la presentó a la catedral de Sevilla. Esta Biblia es uno de los pocos textos de la época mozárabe que se pueden identificar definitivamente. Fue preparada bajo el reino islámico, en una época peligrosa para los cristianos, y llevada desde Andalucía al norte. Ahora se conserva en la Biblioteca Nacional de Madrid (Mss. Vit. 13-1).

La Biblia Hispalense es famosa por su distinta tabla del canon, o concordancia. Se le llama «la tabla del canon de las bestias», porque presenta miniaturas de los animales que son símbolos de los evangelios: el águila para San Juan, el buey para San Lucas, el león para San Marcos y para San Mateo el hombre. Hoy queda solamente una página de lo que era un juego de doce que formaban la tabla del canon de la Biblia.

Las Biblias mozárabes

La creación de textos bíblicos y comentarios fortalecía el cristianismo en los tiempos difíciles de la llamada «Reconquista». Esta literatura religiosa existía para presentar la palabra de Dios en forma escrita, y para su uso en la liturgia o adoración a Dios en las iglesias. Los monjes y monjas estudiaban rigurosamente el contenido de los textos y meditaban el sentido de lo que leían y lo que escuchaban en los cultos. Así desarrollaron una visión de cómo son el mundo, el cielo y el infierno.

Los libros mozárabes mostraban una organización clara. Empezaban con una página titular y un resumen, ambos muchas veces a colores. Algunos libros tenían una página preliminar con una ilustración grande y una página en que parecía el diseño de una alfombra oriental. El texto se dividía en capítulos, frecuentemente encabezados por letras iniciales decoradas. Había diagramas y tablas, como las tablas del canon, para resumir o presentar de otra manera el contenido. También se incluían los calendarios litúrgicos para guiar a los religiosos en su observancia del ciclo de los cultos y las oraciones.

La Biblia en los monasterios de la frontera

Los monasterios más grandes tenían bibliotecas donde guardaban manuscritos religiosos. Algunos monasterios albergaban decenas de escribanos, calígrafos e ilustradores. Los escribanos y pintores más famosos viajaban de un monasterio a otro para trabajar en los manuscritos. Aunque la mayoría de los escribanos y pintores eran hombres, al menos dos eran mujeres, una de ellas llamada Ende. El propósito del arte en los manuscritos de la Biblia era explicar y comunicar lo esencial del cristianismo. Con las ilustraciones los artistas intentaban clarificar el contexto de la lectura, para mejorar el entendimiento de la palabra de Dios.

Los artistas monásticos de la frontera crearon un nuevo tipo de Biblia, distinguido por sus vínculos con los mozárabes. Los autores de las Biblias (el oficial eclesiástico que las comisionó, quienes las copiaron y quienes pintaron las ilustraciones) identificaban los ejércitos de los musulmanes con las huestes satánicas descritas en el Apocalipsis. Al mismo tiempo, incorporaban ideas de la cultura árabe que habían conocido después de siglos de vivir en territorio moro. Cuando terminaban un manuscrito, los escribanos generalmente agregaban un colofón: firmaban la última página, con la fecha y el lugar de su confección. Los colofones en los libros mozárabes nombraban a los escribanos, los ilustradores o ilustradoras, los autores (es decir, los patrocinadores), el lugar, la fecha y otra información sobre su creación. Todo esto aparecía en la última página con un formulario:

a) Una invocación a Dios,
b) el nombre de la persona que iba a recibir el libro con un elogio a ella,
c) el lugar y la fecha de la producción,
d) el nombre del oficial que supervisó el trabajo y
f) el nombre del artista.

El hecho de incluir el nombre del artista (unos varones y otras mujeres) no es tan común en los manuscritos de otros países europeos de la época, pero este reconocimiento del valor artístico de la obra se encuentra a menudo en el arte de los moros. Es posible que los cristianos, mientras veían a los musulmanes como enemigos, a la misma vez fueran influidos por la manera en que los moros honraban a los artistas.

Otras Biblias de la frontera

En el año 908 el rey Alfonso II de León presentó dos Biblias andaluzas a la catedral en su nueva capital, Oviedo. Una fue descrita como procedente de Sevilla y se atribuyó a la «mano de Isidoro mismo». La otra fue un obsequio de Hashim ben Abd al-Aziz, un general y ministro de Córdoba quien fue prisionero de guerra en Oviedo del 878 al 880. De estas dos Biblias, sólo nos quedan las descripciones.

Una magnífica Biblia de esa época que sí existe se conoce como «La Cava». Parece haber sido confeccionada en Asturias, probablemente a mediados del siglo nueve. El escribano se llamaba Danila Goza (no se sabe si era hombre o mujer). Es una edición de lujo, escrita en pergamino con colores brillantes, y toques de oro y plata. Las ilustraciones enfatizan la cruz, el símbolo adoptado por la monarquía asturiana como su emblema.

La Biblia de La Cava sigue una fórmula que debe proceder de un modelo visigótico, y es testigo único del mundo cristiano de su época. Usa un lenguaje formal y arcaico, aun para su tiempo. Su nombre se toma del lugar donde ahora se conserva, el Monasterio La Cava dei Tierreni, cerca de Nápoles, Italia.

Hoy tenemos Biblias confeccionadas en el siglo diez, pero basadas en modelos mucho más antiguos. Una de estas «familias» de Biblias incluye códices procedentes del monasterio de Valeranica. Hay un ejemplar del año 943 y otro de 960. Otra familia tiene una Biblia producida en la Colegiata de San Isidoro en el año 1162. Y una tercera familia pertenece al monasterio de San Millán de la Cogolla en el siglo trece. Este último grupo de Biblias muestra la creciente influencia románica que vino de Francia.

El Comentario de Beato

En los monasterios e iglesias los cristianos preparaban comentarios como una ayuda para conocer mejor la Biblia. Desde los primeros siglos del cristianismo, los teólogos comentaban sobre el sentido del texto y escribían muchos libros para dilucidar la Biblia. Estos comentarios abarcaban desde citas de la Biblia hasta libros enteros, junto con las ideas del escritor sobre el sentido de lo comentado. El tema predominante

Figura 5. Los escribanos en el Monasterio de San Salvador de Tábara, Castilla, 1220.
Foto © *The Pierpont Morgan Library, New York*. (MS M. 429, f.183r.)

entre los comentarios en Iberia fue el Apocalipsis de San Juan. El más famoso de este género fue el Comentario de Beato de Liébana, escrito en el norte de la Península Ibérica. Beato fue abad de Liébana, Asturias (m. después de 800), y compiló su comentario entre los años 776 y 782. Su estudio se basaba en los escritores cristianos de los primeros siglos combinados con las interpretaciones de su época. Tenía el propósito de ayudar a los monjes en sus estudios habituales de la Biblia y presentar la teología ortodoxa sobre el carácter divino de Jesucristo. La teología evidente en el Comentario de Beato fortaleció el reclamo por parte de los cristianos del norte de independizarse de la antigua iglesia romano-visigótica en cuestiones de administración, derecho canónigo y doctrina. El escribir y distribuir el Comentario de Beato fue una expresión de que ellos, los refugiados y los norteños, formaban la iglesia verdadera de la Península Ibérica.

Un concilio eclesiástico del año 632 proclamó que el libro de Apocalipsis ocupaba un lugar especial para los cristianos. Los obispos requerían su lectura en voz alta en todas las iglesias, entre el domingo de la Pascua y Pentecostés. El énfasis en el Apocalipsis se debía a conflictos sobre la doctrina cristiana y a un deseo de purificar la iglesia. Varios comentarios se prepararon para interpretar el Apocalipsis durante el año litúrgico. Las partes de la Biblia que aparecían en este comentario incluían textos o ilustraciones del Apocalipsis de Juan en el Nuevo Testamento, y de los libros de Daniel, Ezequiel y Elías en el Antiguo Testamento.

Las luchas continuas dentro de la sociedad cristiana, y después contra los musulmanes, crearon una gran necesidad de explicar y justificar la época violenta por la que pasaba el pueblo hispano. Aparecieron muchos ejemplares del Comentario de Beato, ricamente ilustrados en el estilo mozárabe. Las miniaturas, las letras iniciales decoradas, los diagramas, es decir toda clase de pintura en las Biblias y los comentarios mozárabes, funcionaban para organizar el texto y dilucidar el contenido. En los siglos ocho, nueve, diez y once, el Comentario de Beato fue tan popular entre los cristianos que sobrepasó los Evangelios y los Salmos.

Los distintos ejemplares que tenemos del Comentario de Beato contienen colofones muy informativos. Un comentario del año 970 dice que el sacerdote Emeterius, instruido por el maestro renombrado Magias, fue llamado al monasterio de Tábara para terminar el ejemplar del manuscrito de Beato de la abadía en 970. El manuscrito quedó sin

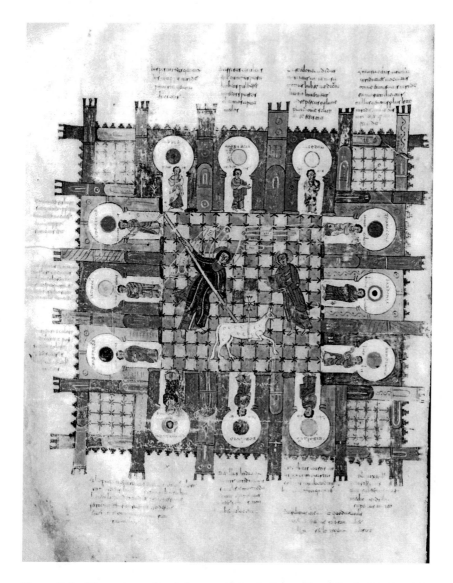

Figura 6. La Nueva Jerusalén del comentario de Beato (Apocalipsis 21, 10 y 12). Aquí, se ve la ciudad como una fortaleza al estilo árabe. Los doce apóstoles aparecen en las puertas, bajo los arcos, «adornados con toda piedra preciosa». El cordero está en el centro. Las descripciones en el texto vienen de las *Etimologías* de San Isidoro. Foto © *The Pierpont Morgan Library, New York.* (MS M.644, f. 222v.)

ilustraciones hasta muchos años más tarde, cuando un abad de Silos pudo enlistar a un forastero, el prior Petrus, para que las pintara en los espacios vacantes (Weckmeister 1994, 123).

Los cristianos conocidos como mozárabes nos dejaron testimonios de su fe en sus Biblias y comentarios que son obras magistrales. Hablaban y escribían el latín, el romance castellano y el árabe. Conocían el poder de la palabra escrita, de los símbolos y de las ilustraciones. Confeccionaban y guardaban sus Biblias y comentarios a pesar de toda clase de dificultades. Estos libros nos abren una ventana a la vida de los cristianos de España durante la ocupación mora.

La Biblia en la Edad Media

Capítulo 4

Los traductores

La obra traductora se desarrolló en varias regiones de Iberia durante la Edad Media, dondequiera la frontera entre los poderes políticos proveyó espacio para un intercambio de ideas. En muchas instancias esta actividad traductora fue auspiciada por los obispos, actuando como líderes de la iglesia o en su capacidad de oficiales de un rey cristiano. A mediados del siglo doce, la fama de los estudios en Iberia atrajo a cristianos que querían conocer mejor la sabiduría de esta región multicultural. Maestros, alumnos y clérigos de toda índole viajaban desde Francia, Inglaterra, Alemania, Italia y otros países. Algunos se interesaban en los adelantos de las ciencias en las tierras musulmanas. Otros querían conocer la filosofía de los griegos, especialmente de Aristóteles y Platón. Otros estaban fascinados con el conocimiento «secreto» del oriente, como la cábala judía.

Los árabes habían traído a Iberia manuscritos de las regiones diversas de su imperio, junto con la capacidad para leer y entenderlos. Esta erudición se acumuló por medio de su contacto con muchos grupos. Los cristianos maronitas del Levante habían guardado los libros de los antiguos griegos, llevados a su territorio por Alejandro el Magno. Cuando los musulmanes conquistaron el Levante en el siglo VIII, encontraron la sabiduría de los griegos entre los cristianos maronitas. A la tradición griega de la astronomía, la astrología, la alquimia y la medicina los árabes añadieron el saber de la India, Persia y otras culturas. La tradición copta de Egipto llegó también, y representaba una de las iglesias más antiguas del mundo. Las ilustraciones que distinguían los textos bíblicos de los mozárabes muestran una conexión con el mundo de los egipcios que todavía se puede notar en las iglesias y los monasterios coptos.

Los judíos, respetados por los musulmanes como «pueblo del libro» e «hijos de Abraham», también contribuían mucho a este esfuerzo intelectual. La tradición bíblica de los judíos dependía de sus traductores, ya fuera en Babilonia, en Alejandría o en Sefarad. Algunos cristianos aprendían el hebreo de sus vecinos, y la presencia de la comunidad de judía posibilitaba acceso a los textos originales. Los cristianos instruidos en hebreo notaron las diferencias entre el Antiguo Testamento de la Vulgata y los textos originales en hebreo. En algunos casos los cristianos intentaban corregir la traducción latina del Antiguo Testamento, pero esto era problemático dada la reverencia hacia la Vulgata.

Todo este interés por las ciencias y la filosofía produjo un aumento en las traducciones del árabe, griego y hebreo al latín. En Toledo y otros sitios de Iberia era posible encontrar personas capaces de traducir los textos antiguos al latín para beneficio de los cristianos. Los traductores venían de distintos trasfondos: judío, cristiano y musulmán. Gozaban de una variedad de destrezas: la capacidad de leer y entender los idiomas, el entendimiento del tema y una destreza para escribir bien. Algunas traducciones fueron escritas por una sola persona que conocía tanto el árabe como el latín. Otras traducciones fueron tarea de grupo, con discusión sobre el sentido, para llegar a un acuerdo sobre cómo ponerlo en el otro idioma. Un escriba conocido por su estilo al escribir el latín lo apuntaba, poniéndolo en las frases más elegantes y más comprensibles antes de escribirlo.

Hay informes de algunos traductores judíos sobre su manera de trabajar. Esto, combinado con un análisis detallado de los textos mismos, nos da una idea de los principios de traducción que dominaban en el siglo doce. Las traducciones de los textos aceptados como autoridades eran literales, es decir, palabra por palabra. Esto permitía que se tradujera algo que tal vez no se comprendía bien, con la esperanza de que un lector lo pudiera entender. A pesar de este principio de literalidad, era posible agregar más información en los márgenes de la traducción para beneficio del lector. También se escribían comentarios para explicar o desarrollar los temas de las traducciones.

Muchos manuscritos de esa época existen todavía en las bibliotecas, y esto posibilita el análisis del lenguaje, de los temas, de los traductores como individuos y del avance del intercambio de ideas. Esta fusión de sabiduría resultaba en una mejor comprensión de las ciencias, sobre todo en la salud pública, la farmacopea y la práctica de la medicina. La obra traductora introdujo la filosofía clásica de los griegos a los europeos. En los estudios bíblicos, el conocimiento de los idiomas y la obra traductora cambiaban la percepción de la Biblia. Así los interesados podían profundizar en el estudio del texto bíblico.

Alfonso X, el Sabio

Alfonso X, (m. 1284), rey de Castilla, se conoce como «el Sabio» por su dedicación y patrocinio de las letras y la educación. Como todo monarca de la Edad Media, Alfonso fue guerrero, pero también se interesó en las letras de todas las culturas de sus pueblos. Al mismo tiempo se dedicó a su deseo de encabezar el Sacro Imperio Romano. Esta ambición y los conflictos sobre quién iba a heredarle en el trono de Castilla, resultaron en la rebelión de su hijo y el aislamiento del viejo rey al fin de su vida. A pesar de todo, por sus esfuerzos literarios Alfonso consiguió un puesto único en la historia de la traducción de la Biblia.

Alfonso, como su padre Fernando III (San Fernando), reconoció la importancia de las lenguas vulgares de sus dominios. Fernando mantuvo una cancillería para registrar los documentos legales generados por la colonización de las tierras conquistadas de los moros. Desde fecha tan temprana como el año 1214, Fernando empleaba el idioma romance castellano en algunos documentos, y esta lengua llegó a dominar en la correspondencia del Rey. También se interesaba en la educación formal y dio el permiso legal para una escuela en Salamanca en 1243, colaborando con los obispos, arcedianos y otros clérigos. Parece que esto no tuvo mucho éxito, porque Alfonso concedió el permiso de nuevo en 1254. Para esa escuela, el rey especificó la necesidad de un papelero que proveyera «libros buenos, veraces y legibles para los estudiantes».

Alfonso amplió el trabajo de su padre. Sus famosas *Cantigas de Santa María* están en gallego-portugués, mientras la mayoría de sus obras están en castellano. Estos idiomas regionales ibéricos, junto con el catalán y el valenciano, entre otros, se conocen como «lenguas romances» porque se derivan del latín, el idioma de los romanos. El latín seguía siendo el idioma de la iglesia cristiana, pero la gran mayoría de la gente no la entendía. Entre los judíos se hablaba una variedad de estas lenguas regionales con aspectos únicos de este pueblo: judío-castellano, judío-catalán, etc. El árabe era el idioma predominante en los territorios de los moros. En Castilla y León se hablaba más el romance castellano que cualquier otro idioma.

Alfonso se aplicó a dirigir la recopilación y traducción de un gran número de obras de la ciencia de su día. Pidió prestados los manuscritos de las bibliotecas religiosas de las iglesias grandes y los monasterios. Allí reposaban algunos textos de historia, leyes, filosofía y otros temas que procedían de los griegos y romanos. Sus escribas los copiaron y tradujeron, y estas traducciones fueron copiadas repetidamente. Los traductores eran judíos que conocían el árabe y el romance-castellano. Estos hombres que colaboraban con Alfonso pertenecían a familias distinguidas que habían servido a los monarcas castellanos durante mucho tiempo como médicos, diplomáticos y oficiales de la corte. En algunos casos es posible identificarlos y trazar la trayectoria de sus familias en la Edad Media y después. En los casos de las traducciones de libros científicos, es posible identificar no solo a los judíos, sino también a sus colaboradores cristianos. En ciertos casos estos eran clérigos que tenían la responsabilidad de salvaguardar la ortodoxia de la obra resultante. Este oficio de traductor-colaborador-censor por parte de un clérigo cristiano fue común, como hemos visto en el caso de la Biblia de Alba. Los traductores operaban también como asesores que ayudaban al rey a determinar cuáles obras merecían su atención, ya que conocían las ciencias de los judíos y de los árabes. Para Alfonso y sus traductores, el reto fue clarificar lo oscuro de la sabiduría antigua. El resultado fue una prosa en romance, o castellano, con palabras e ideas nuevas, lo cual contribuyó al desarrollo del idioma.

En la década del año 1260 Alfonso empezó un nuevo proyecto literario: componer una historia del mundo basada en la Biblia y en las tradiciones grecorromanas. Se llamó la *Grande e general estoria*. El texto fue traducido del latín al castellano con el propósito de presentar los acontecimientos de los seres humanos, y para ver cómo Dios obra en la historia y cuáles son las moralejas que se pueden aprender de este estudio del pasado. Otro propósito fue mostrar la eminencia de la familia de Alfonso para fortalecer

Figura 7. Ilustración de la *Grande e general estoria,* de Alfonso X, el Sabio, con el texto del fin del capítulo 1 de Mateo. © Patrimonio Nacional. Biblioteca de El Escorial. (MS I.1.2., Folio 178r)

su reclamo al trono del Sacro Imperio Romano. La Biblia proveía el esquema fundamental de toda la *Estoria*, con otros temas tejidos dentro del todo. El Antiguo Testamento fue aumentado por las historias de los reyes legendarios del pasado remoto. La traducción del Nuevo Testamento solo llegó al nacimiento de Jesucristo en el Evangelio de San Lucas. El trabajo fue suspendido durante los últimos años tumultuosos de la vida de Alfonso. Sin embargo, la obra tuvo mucha fama y fue copiada muchas veces. Para la parte bíblica, los traductores dependieron de una versión de la Vulgata, ya bastante corrompida después de siglos de copiarla a mano, y de un texto hebreo que los traductores judíos ya conocían bien.

Muchos ejemplares de esta *Grande e general estoria* fueron preparados y donados a varias iglesias y personas en Castilla. Quedan textos originales solo de partes de esta obra monumental, escritos en una caligrafía minúscula gótica francesa, el estilo favorecido por los escribas del Rey. Es una caligrafía cuadrangular, baja, compacta y no muy difícil de leer. Existen múltiples copias hechas en los siglos catorce y quince, algunas ricamente ilustradas. A pesar de la ortografía inconsistente —que es una característica de la época— es posible pronunciar las palabras en voz alta y así reconocer el sentido del texto antiguo. Leer la Biblia de estos manuscritos hoy, en este castellano antiguo, conociendo un poco de su historia, puede producir una sensación única de conexión entre los hispanos modernos y un pasado vivo y relevante.

Unas lecturas de la *Grande e general estoria*

En la dedicatoria el Rey describe quién es él, a quién se dedica la obra (a su padre y a su madre), y cómo hizo la recopilación de textos para crear un texto nuevo. Aunque el texto pertenece a la Edad Media, hace setecientos años, si lo leemos en voz alta, sin preocuparnos por la ortografía antigua, se entiende bien lo que dice:

> …yo don Alfonso, por la gracia de Dios, rey de Castilla, de Toledo, de León, de Galicia, de Sevilla, de Córdoba, de Murcia, de Jaén e del Algarbe, fijo del muy noble rey don Fernando e de la muy noble reina dona Beatriz, después que hove fecho ayuntar muchos escriptos e muchas estorias de los fechaos antiguos, escogi d'ellos los mas verdaderos e los mejores…tan bien de los estorias de la Biblia, como

de las otras grandes cosas que acaecieron en le mundo, desde que fue començada fasta 'l nuestro tiempo (Villar Rubio 1984, 54).

La parte bíblica empieza con los primeros versículos del primer libro del Antiguo Testamento, en el lenguaje del siglo trece:

> Génesis, Libro I. 1. De las obras que Dios fizo en los primeros VI días. Cuando nuestro señor Dios crio en el comienço el cielo e la tierra e todas las cosas que en ellos son, segund que lo cuenta Moisén que fue sancto e sabio, e otros muchos que acordaron con él, departiólo e fizolo todo en seis días de'esta guisa:
>
> El primero día crio la luz, e todas las naturas de los ángeles buenos e malos, que son las criaturas spiritales; e partió esse día la luz de las tienbras, e la luz llamó día, e las tienbras noche (Ibid., 55).

Alfonso mostró sus numerosos dones en la creación de diversas obras literarias. Compuso poesías y canciones religiosas y profanas. Estudió las culturas antiguas y contemporáneas de los griegos, los romanos, los visigodos, los judíos y los musulmanes. Usó la traducción para comprender y comunicar los conocimientos, tomando información de una fuente, cambiando el idioma y presentando la información a sus pueblos de habla romance, tanto castellana como gallega. En su corte los eruditos planificaban las traducciones, comparaban las fuentes, preparaban traducciones literales y paráfrasis, y hacían comentarios.

Reacciones a las traducciones bíblicas

¿Por qué la obra traductora de la Biblia provocaba controversia? Hay que recordar que la religión siempre ha tenido un papel importante en la integración de la autoridad civil, con la percepción de que los altos funcionarios reinaban con la aprobación de lo divino. El cristianismo empezó aparte del centro político de su día, el Imperio Romano. Durante trescientos años los cristianos fueron vistos como traidores a la autoridad romana porque adoraban al Dios de la tradición hebrea y no a los dioses de la sociedad grecorromana. Después que Constantino se declaró cristiano, la iglesia quedó incorporada como parte del sistema imperial. La iglesia, en cambio, sancionaba las acciones de Constantino y sus sucesores. El Emperador, y los reyes y las reinas que le siguieron, gozaban de la percepción de que tenían un derecho divino para gobernar y cuidar la vida religiosa de sus pueblos.

Desde el tiempo de Constantino, los gobiernos percibían a las personas que no aceptaban todo aspecto de la iglesia oficial como traidores. En la Edad Media una serie de herejías sacudía partes de Europa: los valdenses, los cátaros o albigenses y otros. Estos grupos tenían sus propios escritos y traducciones de la Biblia en sus lenguas vulgares. Interpretaban la Biblia a su propia manera y adoraban a Dios en su propia liturgia.

Los oficiales religiosos temían la interpretación libre de la Biblia porque esto menoscababa la necesidad de los sacerdotes. Si los laicos no necesitaban a los sacerdotes, tampoco necesitaban a la Iglesia Católica Romana. Durante la Edad Media, y después, se repitieron las prohibiciones de leer, escuchar y poseer la Biblia. Esto se hizo para combatir el peligro de la herejía, y los desafíos a la iglesia establecida y al gobierno mismo. Lo inconforme se percibía como una especie de plaga que había que extirpar por el bien del pueblo.

Obras bíblicas para el estudio y la devoción

Capítulo 5

Los judíos y los cristianos guardaban los textos bíblicos también en libros que no eran Biblias completas, sino libros para el uso privado y litúrgico. Aunque eran muy pocas las personas que podrían obtener o leer un libro, en ciertas circunstancias los libros con selecciones de textos sagrados daban acceso a las Escrituras. Los clérigos, los grandes señores y las damas ricas de la península ibérica leían o escuchaban porciones de la Biblia en libros especiales.

La Haggadah de los judíos

Para los judíos de Iberia y otras partes, el recordar su historia como pueblo de Dios era de suma importancia. Se conformaban a la instrucción que Dios les había dado: «Y contarás en aquel día a tu hijo diziendo: Por esto que Iehoua hizo conmigo cuando me sacó de Egipto» (Éxodo 13:8, *Biblia del Oso*, 1569). Todos los años, los niños escuchaban esta historia cuando celebraban la Pascua en sus casas. En la primera noche de Pascua, la madre de la familia encendía una vela para empezar el servicio. Había preparado una cena especial, el Seder («orden», en hebreo) con platos especiales para recordar la historia judía en Egipto. El padre o abuelo leía en voz alta la Haggada shel Pesach, («cuento de Pascua») la historia del éxodo del pueblo de Israel de Egipto. Toda la familia participaba, hasta el niño menor y los sirvientes. Para facilitar esta participación de toda la familia, siempre que fuera posible había libros para todos los miembros de la familia.

43

Desde los tiempos remotos los judíos confeccionaron Haggadahs que recordaban la historia de la esclavitud en Egipto, el llamado de Dios a Moisés y la liberación del pueblo hebreo. Las Haggadahs, escritas en hebreo y en las lenguas vulgares, fueron comunes por dondequiera que vivían los judíos. Todas mostraban el estilo particular de su lugar de origen en cuanto a la caligrafía, el arreglo del texto, las ilustraciones, la organización de texto y las decoraciones. Las Haggadahs sefarditas muestran un estilo distinto, pero también semejante a los de otras tradiciones.

Una Haggadah es un libro bíblico: consta de la historia que se encuentra en el libro de Éxodo y termina con los Salmos 113 a 116, el Halel (alabanza), una colección que hace referencia a la liberación del pueblo judío. También incluye las oraciones, anécdotas, exposiciones e himnos que celebran y explican esta historia.

Cuando los judíos fueron expulsados de España, llevaron sus Haggadahs a otras tierras. La Haggadah de Sarajevo, que data de c. 1330 y proviene del norte de España, lleva el nombre de la ciudad donde fue descubierta y donde hoy se conserva. En 1894 un niño de la familia Cohen llegó a su escuela hebrea con un antiguo libro de servicio. Su padre había muerto y la familia carecía de recursos económicos suficientes. Por esa razón, era necesario vender el libro que el niño trajo, una Haggadah. El libro consta de 84 hojas de pergamino. Las primeras 34 páginas llevan ilustraciones de la narración bíblica y de la vida judía de la Edad Media. Después siguen 50 páginas de texto, algunas con decoraciones. Un examen del libro reveló cuán precioso era: una obra única que había durado más de 500 años. El estudio de la Haggadah de Sarajevo abrió una ventana a los manuscritos judíos medievales, y a los procedentes de Iberia en particular. La Haggadah se conserva en el museo de Sarajevo. Durante las guerras subsiguientes, este volumen, junto con otros tesoros, fue llevado a las cuevas en las montañas para su protección.

La Rylands Haggadah [Hebrew MS 6], es otro gran ejemplar de la obra bíblica de los judíos de Iberia. Esta también proviene del norte de España y es de la misma época que la de Sarajevo. Se conserva en la biblioteca John Rylands de la Universidad de Manchester en Inglaterra.

Hoy se pueden gozar estas Haggadas, preservadas por los siglos como textos sagrados y obras de arte, en el original y en facsímile. Los estudiosos de la Biblia judía medieval siguen investigándolas, y nos explican toda clase de detalles sobre el texto, su teología, las ilustraciones, el contexto histórico y otros temas.

El legado de la Haggadah tocaba las vidas de los judíos sefardíes y de los conversos españoles, formados en la tradición de sus predecesores dondequiera que se encontraran. Quienes participaban en la lectura de la historia del éxodo año tras año aprendían los Salmos y las oraciones del pueblo de Israel. Así guardaban la herencia y la fe de su pueblo.

Los libros de oración

Entre los cristianos, los libros de oración ayudaban a la gente laica participar en los servicios de oración, que tenían lugar diariamente en las catedrales y otras iglesias, así como en los monasterios. En el siglo doce, o tal vez más temprano, se confeccionaban libros pequeños con una recopilación de las oraciones que se escuchaban en los cultos, algunos Salmos y otros pasajes de las Escrituras Sagradas. Estos libros, en latín y en los idiomas vulgares, facilitaban la adoración de los laicos, quienes podían usarlos en la iglesia y en la lectura de las devociones personales.

La costumbre de orar a ciertas horas fijas es una de las observancias religiosas más antiguas del mundo. Los judíos laicos oraban dos o tres veces durante el día, según el libro de Daniel y los Salmos. Cuando los cristianos empezaban a distinguirse de los judíos, en los primeros siglos, continuaron esta costumbre. Los monjes intentaban seguir la admonición de «orar sin cesar» con una serie de cultos de oraciones basadas en los Salmos. Para los anacoretas la oración era un acto solitario, mientras que para quienes vivían en una comunidad monástica la oración constituía el centro de sus servicios en la iglesia. Los monjes y monjas se reunían en la capilla o la iglesia a las horas canónicas durante el día y la noche para cantar o recitar sus oraciones en conjunto.

Egeria, la peregrina de Galicia que fue a la Tierra Santa en el siglo cuatro, describió los cultos y las oraciones para distintas horas del día. En las iglesias donde se le permitió entrar, pues no estaban dentro de un monasterio, oraban a la hora tercera (9 am), la sexta (el mediodía) y la novena (3 pm). También los monjes oraban a la medianoche, como Pablo y Silas (Hechos 16:25). Después se agregaron horas adicionales, hasta que San Benito (c. 480-c. 542), en su regla para los monjes, fijó el numero de servicios en ocho, aproximadamente uno cada tres horas.

De la Edad Media tenemos muchos libros de devoción que incluyen el Oficio Menor de la Virgen, o los versículos bíblicos que cuentan la historia de María. Desde tiempos remotos, los monjes y monjas se habían dedicado a la veneración de la Virgen María. Celebraban el Oficio de la Virgen, que consistía de la oración y el canto para recordar la vida de María. A veces el servicio incluía los salmos penitenciales 6, 32, 38, 51, 102, 130 y 143, según los números actuales.

Estas obras se llamaban «libros de hora», y seguían el horario tradicional de orar. También se les llamaba «breviarios». Algunos de estos libros fueron confeccionados para los devotos ricos. Estos estaban ilustrados con escenas de la vida de María, la vida del dueño o la dueña, y una caligrafía sobresaliente. Los más lujosos servían como obsequio para los grandes señores, las reinas y los reyes. Uno de los más bellos se conoce como *El Libro de Horas de María de Navarra*, por la reina de ese país entre España y Francia. Es tan pequeño, 5" x 7 3/8" (12.7 x 17.8 cm.), que se podía llevar en el bolsillo o la manga. Otro, llamado el *Breviario de Isabela*, fue obsequiado a la reina de Castilla. Éste incluye porciones de Génesis y del Salmo 68, y retratos de la familia real. El *Libro de Horas de Renata de Francia* goza de ilustraciones preciosas, con escenas de la vida de la virgen María y de la vida de la princesa. El texto está en latín y francés, el idioma natal de Renata. Esta obra también es diminuta, de menos de 4" x 5" (10 x 12.7 cms.). Hoy podemos verlo en facsímile, pero el original fue robado en 1994.

Los libros de horas servían a una porción restringida de la población, porque eran muy costosos. Además, no contenían muchos textos bíblicos. Se necesitaban otros textos para conocer mejor la Biblia en su totalidad y para entenderla en el idioma del pueblo de habla española.

Cisneros y la Biblia Políglota

A fines del siglo quince, la reina Isabel de Castilla y el cardenal Francisco Jiménez de Cisneros empezaron su programa de reformas dentro de la Iglesia Católica Romana. Esta reforma enfatizó tres áreas: 1) fortalecer la vida religiosa de los cristianos mediante el estudio de la literatura de devoción; 2) mejorar la administración y la disciplina de los monasterios y los conventos y 3) mejorar la preparación de los sacerdotes por medio del estudio de los idiomas y de los textos de la Biblia. Para esta última meta, fue necesario adelantar la educación formal de los sacerdotes y la calidad de los textos bíblicos que usaban. Con este fin, Cisneros fundó la Universidad de Alcalá. El proyecto comenzó en 1498 y la universidad abrió en 1508.

El Colegio de San Ildefonso de la Universidad de Alcalá era trilingüe, con duchos profesores de hebreo, griego y latín. El grupo que colaboró en la preparación de la Biblia Políglota incluía conversos con un conocimiento profundo del texto hebreo, cristianos «viejos» estudiosos de la lengua hebrea, sacerdotes y humanistas expertos en el griego antiguo, un ortodoxo griego de Creta, un defensor de la Vulgata Latina y filólogos que hablaban múltiples idiomas. Este grupo, no siempre de acuerdo entre sí sobre cómo se deben estudiar los textos bíblicos, se dedicó a la compilación de una Biblia políglota, la primera en más de mil años. Cisneros veía en ella un recurso para los sacerdotes, que les facilitaría los estudios bíblicos de la Vulgata y de los textos en que se basaba, en hebreo, arameo y griego. Cisneros compiló para su equipo los manuscritos más antiguos de las catedrales hispanas, de las sinagogas expoliadas y hasta recibió algunos del Vaticano. Las páginas lucían el texto latín en la columna central, con el hebreo a un lado y el griego al otro, y el caldeo (arameo) al pie de la página. Los estudiosos reconocían los problemas que tenía la versión de la Vulgata que tenían, pero no se les permitía corregirla. La Biblia fue impresa en seis tomos entre 1514 y 1517:

Tomo V   El Nuevo Testamento en 1514
Tomo VI   El aparato crítico con diccionarios, gramáticas, índices e
               interpretaciones en hebreo, griego y latín en 1515 y
Tomos I a IV   El Antiguo Testamento en 1517.

El cardenal tenía autoridad para publicar la políglota por sí mismo, pero la solicitó del Papa, a quien le dedicaba la obra. La aprobación pontificia no llegó hasta 1520. La Políglota Complutense se puso a la venta en 1522. No se sabe con certeza las razones de la demora, pero tuvo consecuencias funestas para los estudios bíblicos. Entre tanto, un texto del Nuevo Testamento, preparado por Erasmo, salió en Suiza en 1516, como veremos más abajo.

En todo este proyecto de preparación de una versión superior de la Biblia no se admitía el uso del idioma vernáculo. Cisneros se dio cuenta de la necesidad de conocer los idiomas originales de la Biblia para poder comparar y estudiar las versiones distintas. Al mismo tiempo, se adhería a la doctrina ortodoxa del uso exclusivo de la Vulgata. La idea de Cisneros fue proveer los recursos para el estudio avanzado de los idiomas bíblicos. Para este fin Cisneros patrocinó la preparación y la publicación de una Biblia políglota con sus propios fondos. Sin embargo, no permitía la traducción de la Biblia al castellano, catalán, gallego ni otra lengua hablada por los sacerdotes y laicos que carecían de una educación formal, ni al árabe para los moros recién conquistados.

Los *Epístolas y evangelios* de Montesino

La reina Isabel reconoció la necesidad de tener obras en castellano para quienes no leían el latín. Le pidió a su predicador, Fray Ambrosio Montesino, que tradujera al español algunos libros de devoción. Montesino había sido uno de los primeros franciscanos que se unió al convento nuevo de San Juan de los Reyes de Toledo, fundado por la Reina en 1476. El fraile era conocido por su piedad, su predicación y la poesía religiosa que componía. En todo enfatizaba el cristocentrismo, la mariología y la moral. Montesino dijo que sus criterios de trabajo para la traducción incluían la preeminencia del texto evangélico, el rigor crítico, la disposición didáctica y la traducción literal.

La Vita Christi del cartuzano, escrito por un monje alemán, era uno de los libros más populares de esa época. Es una edición grande, elegante y cara. Esta obra inauguró la imprenta de Alcalá de Henares en 1502. Era tan popular que la casa impresora Cromberger en Sevilla la publicó a lo menos diecisiete veces porque se vendía bien. Inspiró otras obras de devoción, algunas en verso como *El cancionero* de Montesino. Más tarde la versión castellana de *La Vita Christi* fue estudiada por Santa Teresa de Jesús y San Ignacio de Loyola. El nombre de la orden fundada por Loyola puede venir de esta obra: «Jesús llamará a los cristianos en la gloria del cielo, *jesuitas*» (Álvarez Pellitero, 46).

Montesino también tradujo *Epístolas y evangelios por todo el año*, otra obra bien conocida por los cristianos. Esta obra, antes traducida por Gonzalo García de Santa María, había aparecido en 1479, y luego en 1485 y 1493. En la Edad Media libros como este exponían las lecturas bíblicas para el beneficio de los clérigos, pues les ayudaban a componer sermones básicos. Ya por el siglo XV había un énfasis en ayudar también

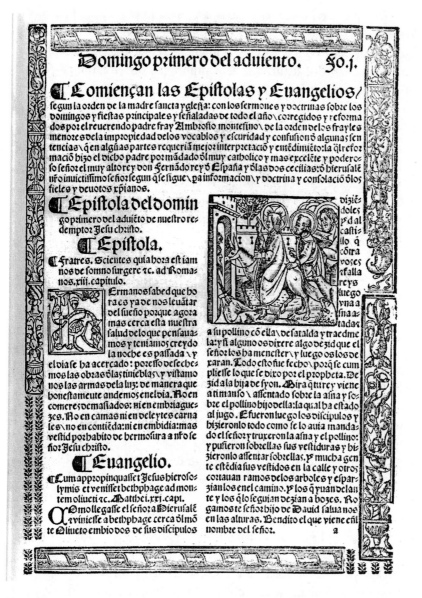

Figura 8. La primera pagina de *Epístolas y evangelios* traducido por Fray Ambrosio Montesino. © Biblioteca Nacional de España, Madrid. (R 10.595)

a los seglares que ignoraban el latín. Sin embargo, la traducción de García de Santa María no tuvo tanto éxito, por ser difícil de entender. Fue por esta razón que la reina Isabel pidió una versión nueva. La traducción de Montesino hizo posible la lectura de los evangelios en castellano. Consta de los textos usados en el misal y la intención era ayudar a los feligreses a entender mejor los textos que acostumbraban oír en latín. La página titular explica el por qué de la obra:

> «Domingo primero del adviento. Comiençan las Epístolas y Evangelios según la orden de la madre santa iglesia: con los sermones y doctrinas sobre los domingos y fiestas principales y señaladas de todo el ano corregidos y reformados por el reverendo padre Fray Ambrosio montesino…pa información y doctrina y consolació de los fieles y devotos xtianos [sic] (10.595 R1 Biblioteca Nacional de España, Madrid)».

Sigue una breve descripción en latín de la lectura de la epístola para ese domingo, como la que el sacerdote tenía en su misal para dirigir la misa. Después la lectura de la epístola sigue en castellano. El mismo arreglo, con la descripción en latín y la lectura en español, se sigue para el evangelio indicado para ese día. Así fue posible para quienes no sabían latín leer grandes porciones del Nuevo Testamento en su propio idioma. La primera edición de Montesino salió en 1512 y se reimprimió frecuentemente.

Epístolas y evangelios por todo el año era un libro católico romano, con interpretaciones ortodoxas que acompañaban el texto. Al mismo tiempo proveía un acceso a las Escrituras que en las décadas siguientes la Inquisición vio como peligroso para el pueblo. La obra fue prohibida en 1622, un siglo después de la muerte del autor. A pesar de esto, se conservan ejemplares en las Bibliotecas Nacionales en Madrid y Lisboa, entre otros lugares.

Estas obras de devoción frecuentemente gozaban de láminas hechas con grabados en boj, u otra madera. Para reproducir una ilustración, los artistas primero labraban una tabla de madera con un buril o un cincel. Luego estas se cubrían con tinta y se empleaban para la impresión. Los impresores guardaban en sus talleres una cantidad de grabados. Cuando imprimían un libro, escogían los grabados apropiados para ilustrarlo. A veces la relación del grabado con el texto no es obvia, porque la ilustración fue escogida más por conveniencia que por el mensaje que comunicaba. Sin embargo, era posible estudiar la ilustración y averiguar su significado

Figura 9. Santa Margarita de Antioquía por Francisco Zurbarán. La mujer que representa a la santa lleva un libro de devoción en la mano. Es posible que esta fuese parte de una serie de pinturas destinadas a una iglesia andina. © *National Gallery, London.*

basándose en el conocimiento que se tenía del texto. Las ilustraciones de *Epístolas y evangelios* típicamente incluían los episodios mejor conocidos de la vida de Jesucristo y de la Virgen.

Las cartillas

Una forma de lectura popular era la cartilla, un pliego generalmente de ocho hojas impresas en ambos lados para hacer dieciséis paginas. Las primeras cartillas salieron a fines del siglo quince, y siguieron hasta el siglo diecinueve. Las cartillas religiosas contenían: 1) las oraciones básicas, como el Padrenuestro y el Ave María, 2) el credo, 3) los mandamientos, 4) los sacramentos, 5) los artículos de fe y las siete obras de misericordia (dar de comer, dar de beber, vestir y abrigar a los necesitados, visitar a los enfermos, rescatar a los cautivos y enterrar a los difuntos), 6) los pecados capitales, 7) las virtudes y 8) el orden de la misa (este último en latín, el idioma del culto católico romano). La catedral de Valladolid tenía el privilegio exclusivo de impresión y venta de todas las cartillas religiosas para Castilla. Entre 1588 y 1781 se distribuyeron más de 54,000,000, lo cual nos da una idea de la popularidad de este humilde folleto. Muchas de estas cartillas eran llevadas a las Américas.

Los versos de devoción de Montesino se publicaban en pliegos. Estos enfatizaban dos tópicos de mucha importancia para la Iglesia Católica Romana: la pasión de Jesucristo y la devoción a la Virgen María.

Es importante recordar que la mayoría de las personas conocía la Biblia por haber escuchado a otra persona leerla en voz alta. Por cada libro o pliego que circulaba en la comunidad, es probable que decenas de personas escucharan a alguien leerlo. Los libros formaban parte de la vida señorial, fuese religiosa o laica, hasta el siglo diecinueve, cuando la mecanización de la imprenta cambió la publicación y distribución de los textos. Antes de la revolución industrial, sólo las personas adineradas podían comprar la Biblia y otras obras de devoción impresas a mano en talleres pequeños. Por eso hay que darse cuenta de la importancia de la comunicación verbal en una sociedad donde el analfabetismo dominaba. Con la educación formal, aun del nivel más básico, llegó la posibilidad de que el pueblo participara activamente en la vida religiosa, ya fuera en el templo o en la casa.

Erasmo

En las primeras décadas del siglo XVI, el pensamiento religioso de España recibió mucho ímpetu de las obras de Desiderio Erasmo (¿1467?-1536). Erasmo nació en los Países Bajos, fue ordenado sacerdote en 1492 y siempre mantuvo su lealtad a la Iglesia Católica Romana, aunque no participaba activamente en ella. Teólogo, filósofo, escritor y maestro, llevaba una vida independiente, mientras instruía a jóvenes ricos. En su pensamiento Erasmo combinaba una piedad sencilla con el conocimiento del humanismo clásico grecorromano. Con sus obras contribuyó a una nueva era de estudio y comprensión de las Escrituras. Las ceremonias de la iglesia le parecían secundarias y no aceptaba la importancia de todos los sacramentos. En algunas de sus obras criticó severamente los abusos de la iglesia.

Erasmo preparó una edición bilingüe del Nuevo Testamento en latín y griego llamada el *Novum instrumentum*. Como el título indica, su propósito era facilitar el estudio de las Escrituras con este «instrumento» bilingüe y anotado. Un impresor de Basilea, quien sabía que la Biblia Políglota Complutense estaba por salir, reclutó a Erasmo con el fin de aprovecharse de la demanda por el texto del Nuevo Testamento en griego, antes de la venta de la obra de Cisneros. El problema fue encontrar manuscritos de alta calidad, pues no los había en Basilea. Por eso, la edición de Erasmo se basaba en un texto inferior. A pesar de esto el libro tuvo mucho éxito. La segunda edición, de 1519, fue utilizada por Lutero, Beza y muchos otros para sus traducciones a los idiomas vernáculos. Este Nuevo Testamento fue la versión griega aceptada como autoritativa por tres siglos.

La fama de Erasmo llegó a España. En la Universidad de Alcalá, los profesores y los estudiantes leían sus obras y sostenían correspondencia con el famoso holandés.

Juan de Valdés

Juan de Valdés (¿1501-1510?-1541) nació en Cuenca, en la región de La Mancha, en Castilla. Era hijo de una familia de judíos conversos. De joven, sirvió en la casa de Juan de Pacheco, Marqués de Villena, un converso de renombre. Allí se reunía un grupo de personas de creencias religiosas independientes que después serian juzgadas como herejes por las autoridades católicas romanas. El marqués empleaba a Pedro Ruiz de Alcaraz Valdés como predicador de su corte. Éste era laico y había sido instruido por Isabel de la Cruz, una costurera y franciscana secular. Bajo la dirección de Ruiz de Alcaraz, los miembros del grupo estudiaban las Escrituras, enfatizaban el valor del amor cristiano y descontaban el valor de los sacramentos de la iglesia. Después de que Juan de Valdés salió de la casa de Pacheco, Ruiz de Alcaraz e Isabel de la Cruz fueron arrestados y condenados por la Inquisición.

Isabel de la Cruz (activa 1510-1524)

Isabel de la Cruz trabajó de costurera en Toledo. Pertenecía a la Tercera Orden de San Francisco, una asociación de laicos, varones y mujeres, que vivían piadosamente mientras ejercían vocaciones no religiosas. Estudió la Biblia, sobre todo Mateo 11:25-26 y I Corintios 2:10-16. En tales lecturas descubrió mucho de lo que le impulsó a pensar en su relación con Dios. Llegó a la conclusión de que podía leer la Biblia, guiada por el Espíritu Santo, y aceptar el amor de Dios. Esto le permitió olvidarse de los requisitos exteriores, como la devoción a los santos, rezar las oraciones rutinarias y cosas por el estilo. Lo importante era confiar en el amor de Dios y descansar en él. Estas ideas eran la base teológica de los alumbrados dexados.

Isabel instruyó a otros en la lectura y la reflexión sobre la Biblia. Pedro Ruiz de Alcaraz, un contador, fue su colega y alumno más apto. Pedro se hizo predicador, y fue llamado como guía espiritual a la casa del Marqués de Villena en Escalona. Uno de los muchachos que escuchó su mensaje fue un paje del marqués, Juan de Valdés.

Isabel de la Cruz escribió un libro de devociones que circulaba en forma de manuscrito. Las autoridades religiosas juzgaron que sus ideas eran heréticas. Por ello fue arrestada y encarcelada por la Inquisición. A pesar de su condena, su influencia se hizo sentir en la vida espiritual de muchos.

Valdés estudió en la Universidad de Alcalá. Como otros, tuvo correspondencia con Erasmo. El primero de marzo de 1528 el famoso teólogo le escribió a Juan (en latín) desde Basilea:

> ...Tengo entendido que te dedicas al estudio de las ciencias liberales, con el fin de enriquecer esa índole, tan a propósito para la virtud, con todo género de ornamentos y en verdad. ¿Qué puedo yo en ello aconsejarte o animarte, cuando tú mismo corres espontáneamente por este hermosísimo camino? Felicitarte, aplaudirte es lo que más conviene. Esto has de tener por cierto: que yo a nadie estimo más que a tu hermano, y que a ti no te tengo por menos que a él (Caballero, 353).

En enero de 1529, Valdés publicó un libro de teología, *Diálogo de doctrina cristiana*. El «diálogo» era una forma popular de presentar las ideas del autor dentro de una conversación entre dos o tres personajes ficticios. Con esta obra Juan de Valdés se lanzó en medio de los debates teológicos de su época.

La aparición del *Diálogo de doctrina cristiana* atrajo la atención de la Inquisición, y Valdés tuvo que huir de España. Fue a Italia, donde su hermano Alfonso era el secretario del emperador Carlos V.

Valdés vivió primero en Roma y después en Nápoles, donde había menos peligro de persecución por parte de las autoridades religiosas. El joven español, exiliado en Italia, siguió escribiendo. Tradujo el *Salterio en romance* del hebreo al castellano. También escribió mucho sobre el Nuevo Testamento, e hizo traducciones y comentarios. Estos escritos circularon en forma de manuscrito entre sus discípulos. Dijo Valdés:

> En las Sagradas Escrituras habéis de buscar medicinas contra las tentaciones, a ejemplo de Cristo, quien siendo tentado por el demonio en el desierto a cada una de las tentaciones respondió con las Sagradas Escrituras; en las mismas debéis buscar remedio contra vuestras adversidades, contra las presunciones, contra los trabajos del mundo, porque como dice San Pablo: todo lo que allí esta escrito, esta escrito para nuestra educación y salvación (Moraleja et. al., 94-95).

Un círculo de discípulos se reunía con Valdés para estudiar la Biblia y explorar temas teológicos. Este grupo contaba con aristócratas del más alto rango y líderes reconocidos de la Iglesia Católica Romana como Bernardino Ochino, el vicario general de los capuchinos y el predicador más famoso de su época. Entre quienes estudiaban las escrituras con Valdés estaban también Pietro Carnesecchi y Piermartire Vermigli, destacados teólogos italianos; Isabela Briceña, la esposa del gobernador de Nápoles, y Giulia Gonzaga, de una familia que contaba con cardenales de la Iglesia Católica Romana.

Valdés jamás repitió la publicación de su pensamiento ni traducción, como lo había hecho de estudiante en Alcalá, por temor a la Inquisición. Sus *Comentarios a los Romanos* (1556) y *I. Corintios* (1557) fueron publicados después de su muerte, por los protestantes en Ginebra.

Tres siglos más tarde, en la década del 1880, los investigadores de la Reforma descubrieron y publicaron estas obras y el manuscrito *Comentario sobre el evangelio de Mateo*. Algunas de estas publicaciones hechas en el siglo diecinueve fueron costeadas por españoles, y otras por los evangélicos ingleses y alemanes.

La influencia de Valdés reverberaba por el siglo XV en España e Italia. Nunca criticó a la Iglesia Católica Romana en sí, ni se separó de ella, pero Valdés mostró un nuevo camino para conocer, traducir e interpretar la Biblia aparte de la ortodoxia establecida de su época.

El Santo Oficio de la Inquisición

Capítulo 6

La Inquisición medieval

Para combatir las ideas heréticas, la Iglesia Católica Romana inventó un sistema especial, la *inquisitio*. Esto no existía en el derecho romano. Dependía de una acusación por parte de la autoridad, sin otras acusaciones ni testigos. En 1184 el Papa decretó el uso de este nuevo sistema, con la sentencia máxima de aplicar la pena de fuego a los culpables. Toda la acción de la *inquisitio* era secreta, y el acusado no conocía de qué le acusaban ni quién testificaba en su proceso.

La Inquisición entró a Iberia por el reino de Aragón, donde los cátaros habían aparecido. El rey Jaime I, el Batallador de Aragón, promulgó un edicto en 1233 que estableció la Inquisición en su territorio. El rey prohibió la posesión de las Biblias escritas en romance en 1234. Jaime I era suegro del futuro rey de Castilla, Alfonso el Sabio. Unos 50 años después de la prohibición por el rey aragonés, su yerno castellano se dedicó a producir la Biblia al idioma vernáculo.

La prohibición del rey aragonés, y otras semejantes, fueron repetidas muchas veces para combatir los grupos no aceptados como verdaderos cristianos. A pesar de estas prohibiciones, los traductores continuaron su trabajo. En la Edad Media la Biblia fue traducida en España al romance castellano, aragonés (lemosín), catalán, gallego-portugués, árabe y hebreo.

La Inquisición de Isabel y Fernando

Con la conquista de Granada, el último reino moro, en 1492, Isabel de Castilla y Fernando de Aragón cumplieron la unificación de casi toda España. Antes de esta fecha famosa, la Inquisición, que antes había existido sólo en Aragón, se había establecido en Castilla (1478) y en Valencia (1484). El propósito original era asegurar la conformidad religiosa e ideológica de todos los habitantes de estos reinos, sobre todo de los conversos. A finales del siglo anterior el fervor religioso, combinado con las malas condiciones económicas y sociales, había desatado ataques feroces contra los judíos. Grandes números de ellos aceptaron el bautismo cristiano para evitar la muerte. Estos conversos y sus descendientes resultaban sospechosos en cuanto a la sinceridad de su conversión. Algunos fueron acusados de burlarse del cristianismo y ejercer el judaísmo en secreto. Los reyes veían esta situación como una amenaza a la seguridad del país y un insulto a su fe. Buscaban la unidad espiritual y la cohesión social tanto como la unificación de sus diversos territorios, todo bajo una monarquía unida con una sola iglesia.

El Papa y los reyes lucharon entre sí por el control de la Inquisición y de la Iglesia Católica Romana en España. Isabel y Fernando querían un sistema religioso que ellos pudieran dominar. Al fin los reyes quedaron con la autoridad para nombrar los inquisidores, controlar los recursos y arreglar los asuntos territoriales. También tenían el poder de nombrar obispos en los territorios españoles. Las disputas y las apelaciones eran mandadas al papa, a quien unas veces le hacían caso y otras no. Al extender la Inquisición a todas las tierras españolas, se consolidó el poder de los monarcas y de los obispos. La Inquisición aseguró la conformidad religiosa y política en España hasta 1834.

La Inquisición como una burocracia moderna

La Inquisición desarrolló una estructura bien organizada para cumplir su trabajo. Existía aparte de los monarcas y de la corte, con sus propios códigos y protocolos, y con su propia racionalidad y lógica. Se definía como guardiana del bienestar del pueblo, que era mayor que los individuos que lo componían. Como toda burocracia, creció en tamaño y en complejidad con el paso de los años.

La Inquisición empleaba a miles de personas, todos con cargos bien definidos. El procurador fiscal preparaba las denuncias y movilizaba el proceso contra los acusados. Los consultores precisaban las cuestiones teológicas y morales de las acusaciones. Los calificadores juzgaban los escritos o las declaraciones verbales en cuanto a su ortodoxia. Los secretarios se encargaban de registrar los detalles de los casos desde sus inicios hasta la resolución final. Existían tres clases de secretarios: 1) el notario de secuestros, quien registraba las propiedades embargadas y confiscadas, 2) el notario del secreto, para los testimonios y las declaraciones, y 3) el escribano general, quien registraba las sentencias, los edictos y demás requisitos burocráticos. Los nuncios llevaban las comunicaciones inquisitoriales de una ciudad a otra. Los alguaciles detenían a los acusados, y se responsabilizaban del cuidado general de los encarcelados. Los alcaldes les proveían comida a los reos en sus cárceles. Los médicos cuidaban la salud de los prisioneros, sobre todo cuando eran sometidos a tortura. Los familiares de la Inquisición eran laicos, miembros de las comunidades, que velaban a sus vecinos para encontrar evidencia de herejía u otros delitos e informar a la Inquisición. Todos estos individuos recibían pagos por su trabajo, no tenían que pagar los impuestos estatales y se beneficiaban de otros privilegios especiales.

Los reyes siempre guardaban celosamente su influencia sobre la Inquisición. No era el Papa, sino el monarca español, quien nombraba a un obispo como Inquisidor General y a los miembros del Consejo de la Suprema y General Inquisición. Los funcionarios principales eran juristas o teólogos preparados en las universidades. Al principio eran dominicos y franciscanos, y los jesuitas también participaron desde fines del siglo dieciséis. Como los oficiales de alto rango dependían de la corona para sus puestos, en efecto funcionaban tanto como agentes de la corona como de la iglesia. Para la mayoría, trabajar para la Inquisición era una carrera de toda la vida.

Los tribunales de distrito se localizaban por todo el imperio español. En 1493 había veintitrés tribunales, pero con la crisis económica el número se redujo a seis en 1502, para volver a aumentar un poco más tarde. Tanto el Inquisidor General como la Suprema influían sobre los trabajos de los tribunales regionales mediante el dinero y visitas (inspecciones) a los distritos. En España los tribunales estaban en ciudades como Sevilla, Córdoba, Valencia, Cuenca y Zaragoza. También se establecieron tribunales en las grandes ciudades en las colonias.

El primer tribunal en las Américas, o las Indias, fue constituido por el primer obispo de México, Juan de Zumárraga, para combatir los males doctrinales entre los nativos y los colonos. En 1539 el obispo quemó vivo a un cacique de Texcoco por idolatría. En España las autoridades se alarmaron ante ese acontecimiento y Zumárraga fue depuesto de su cargo como inquisidor. Además, los indígenas recién convertidos quedaron excluidos de la vigilancia inquisitorial. Los obispos de los distritos se responsabilizaban por la instrucción, ortodoxia y moral de sus feligreses. La Inquisición se extendió en las colonias bajo Felipe II, quien se preocupaba por la población de inmigrantes y colonos, religiosos y laicos, y por la ortodoxia de su pensamiento. Los tribunales en México y Lima se establecieron en 1569. El distrito de Lima era el más activo y el más grande, con 1,150,000 millas cuadradas o 3,000,000 km². El de México tenía 770,000 millas cuadradas o 2,000,000 km² y se extendía desde Santa Fe (Nuevo México) hasta Guatemala y Santo Domingo. El establecimiento de un tribunal en Cartagena en 1610 respondió a la campaña extranjera para introducir libros protestantes al imperio español.

En las primeras décadas el aspecto financiero era controlado por la corona. Después de 1550, la Inquisición manejaba sus propias finanzas, según sus propias actividades. Las entradas principales venían de las confiscaciones de bienes de los sospechosos. Los primeros acusados eran judíos conversos, muchos con propiedades extensas, y sus bienes financiaron la Inquisición por dos generaciones. Sin embargo, a mediados del siglo XVI ya no había tantos judíos ricos en España y los ingresos decaían precipitadamente. En 1609, con la expulsión de los moriscos, la Inquisición perdió otra fuente importante de confiscaciones.

Algunos recursos venían de «composiciones» o multas aplicadas a personas acusadas de delitos menos serios, y que confesaban sus culpas espontáneamente. También ganaban dinero vendiendo «licencias» y «dispensas», y recibían rentas de canonjías y beneficios eclesiásticos. Para asegurarse ingresos en el futuro, la Inquisición invertía en alquileres urbanos y tierras agrícolas. Una parte de las entradas se reservaba para la corona, y la Inquisición podía disponer del resto.

Los gastos mayores eran los sueldos de los empleados, el mantenimiento de las cárceles inquisitoriales y el cuidado de los prisioneros. Los castigos solían ocurrir como parte de ceremonias públicas que eran muy caras. El costo de montar un auto de fe público creció de unos 15,000 maravedíes en 1554 (en Toledo) a 2,140,000 en 1655 (en Córdoba). Con costos tan altos, era necesario tener autos de fe privados, dentro de los templos.

El sistema legal se basaba en el modelo de derecho canónico de la Iglesia Católica Romana. En este sistema, se presumía la culpabilidad del acusado (no su inocencia). Cuando una persona era sospechosa de delitos, el tribunal llevaba a cabo una investigación detallada, solicitando testimonios y acumulando documentos —todo en secreto. Si se veía que había bastante razón para seguir con el enjuiciamiento, el sospechado era arrestado. Las cárceles de la Inquisición tenían mejor reputación que las demás prisiones, pero estaban llenas de espías y de religiosos determinados a escuchar una confesión y llevar a una conversión. El poder de la Inquisición se imponía sobre toda persona: noble, burgués, humilde, religioso y laico. Ni siquiera el rey intervenía cuando sus propios capellanes y predicadores caían bajo sospecha.

La investigación, el juicio y el castigo o arrepentimiento se llamaban "proceso". El acusado era «procesado». El juicio se conducía en secreto. El proceso dependía del testimonio de otras personas, quienes no tenían que identificarse ante el acusado. El acusado declaraba también, pero sin saber los cargos específicos. Si los inquisidores no quedaban satisfechos con sus respuestas, podían pedir que el sospechoso fuera examinado bajo tortura, con la creencia de que las confesiones hechas bajo tortura eran fidedignas. El uso de la tortura se restringía con procedimientos específicos. Se estima que en menos del 10% de los casos se utilizaba la tortura.

Los delitos

Los delitos castigados por la Inquisición cambiaron con el correr de los años. De 1480 a 1530 los conversos y judíos eran las víctimas principales. De 1530 a 1620 la Inquisición se enfocó en los moriscos, los erasmistas y los protestantes. De 1620 a 1720 hubo más víctimas judías con la llegada de conversos de Portugal a España. De 1720 a 1820 la Inquisición atacaba los problemas ideológicos, desde el protestantismo hasta las ideas francesas. Siempre se ocupaba de las creencias populares y de las supersticiones. No tomaba muy en serio las acusaciones de brujería, y no había condenaciones por ese delito. Esta moderación contrasta con el norte de Europa y con Norteamérica, donde se ejecutaba a mujeres por brujería. La moral de los clérigos era vigilada por la Inquisición, sobre todo la solicitación de favores sexuales en el confesionario. La bigamia y la fornicación también eran delitos que llegaban a la atención de los inquisidores. Los inquisidores se asombraban al ver que las personas humildes no tomaban el comportamiento entre los varones y las mujeres muy en serio. Existía la idea de que los adultos podían arreglar sus vidas personales tal como quisieran, siempre que no cometieran otros crímenes. Los humildes no veían las relaciones sexuales antes del matrimonio como fornicación; el nombrarlas fornicación era obra de los inquisidores, y no del pueblo.

En las Américas las autoridades se preocupaban por la «pureza» de los colonos. Solamente los cristianos viejos de Castilla, sin una historia familiar de infracciones, podían obtener licencia para emigrar. Sin embargo, un negocio de falsificación de documentos medraba y muchos conversos y judíos procuraban ir a las Indias. En el siglo XVIII, de unos 52,000 inmigrantes, 17,000 eran clandestinos. La ortodoxia de estos «ilegales» preocupaba a las autoridades tanto como las incursiones de extranjeros. Estos últimos eran piratas, corsarios y comerciantes que traían libros prohibidos y creencias heréticas. Durante todo el periodo del imperio español estos individuos, fuera del sistema colonial, se burlaban de la religión católica romana con la distribución de lo prohibido entre los colonos.

Los delitos principales perseguidos en las Indias eran el criptojudaísmo, la expresión de «proposiciones» y la blasfemia. Las proposiciones eran declaraciones teológicas, como negar el beneficio de las procesiones, los santos y las indulgencias. En la mayoría de los casos los inquisidores concluían que los acusados no sabían lo que habían dicho y eran más bien ignorantes que herejes. Sin embargo, en otras instancias se trataba de una creencia protestante que el sospechado no desmentía. En estos casos la pena era la hoguera. Entre los indígenas, los obispos eran responsables por la salud religiosa de los cristianos nuevos. Aunque las autoridades aconsejaban cautela, a veces los indígenas eran castigados severamente por idolatría y brujería.

El sistema inquisitorial dependía de una red enorme de espías, los familiares. Cualquier palabra o actividad podía despertar el interés de las autoridades. Las penas enfatizaban la desgracia de la persona convicta y

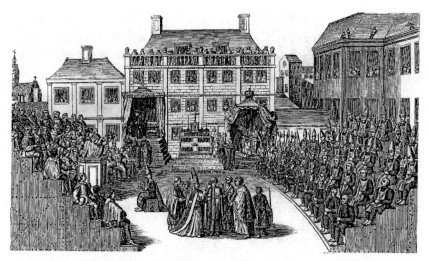

Figura 10. Un auto de fe público. Los reyes se ven al fondo, a la derecha, y el Inquisidor, a la izquierda. Los reos están sentados a la derecha y el predicador se encuentra a la izquierda, cerca del público. En frente, hay sacerdotes con un acusado. John Stoughton (1807–1897), *The Spanish Reformers: Their Memories and Dwelling Places*, p. 217.

de su familia. Además, los condenados y sus parientes perdían sus bienes. La desgracia se enfatizaba por la lectura de las sentencias en los templos y el anuncio público en las calles por los pregoneros. Si el acusado era culpable los inquisidores le presionaban para que se arrepintiera. Si recibía la pena capital y era ejecutado, se decía que había sido «relajado». Los oficiales del estado se encargaban de la ejecución después que el acusado había sido enjuiciado por el tribunal de la iglesia. El reo tenía que vestir en público un sambenito —un capotillo que indicaba culpabilidad y arrepentimiento— con el fin de parecer ridículo. Después de que se cumplía la sentencia, el sambenito se colgaba en la iglesia de la localidad, para recordar la infamia del condenado y de su familia.

El auto de fe

Cuando un proceso terminaba condenando al acusado, muchas veces su sentencia se ejecutaba en un auto de fe. Esta ceremonia se planificaba como la culminación de todo el proceso. La mayoría de los autos se celebraban en las iglesias, pero algunos eran espectáculos públicos. El propósito de los autos públicos era instruir a los fieles, inculcarles la necesidad de conformarse y advertirles contra el peligro de la herejía. Se identificaba a los acusados con Satanás. El castigo mostraba el triunfo de la luz sobre las tinieblas, de la verdad sobre el error, de Jesucristo sobre el infierno. Los oficiales que llevaban a cabo el castigo decían que era una condenación divina, no humana. La ceremonia replicaba el juicio final, según el entendimiento de las autoridades. Este castigo era parte de la preparación para la segunda venida de Cristo, al final de los siglos. Todo era un drama trágico sobre el temor de la condenación al infierno, y sobre la misericordia ofrecida por Cristo, mediante la iglesia.

El número de personas procesadas a lo largo de la historia de la Inquisición fue de 150,000. De ellas, la mitad fueron acusadas de practicar el judaísmo, un 12% de practicar el Islam, unos 30% por delitos ideológicos y las demás por otros delitos (brujería, ofensas sexuales, etc.).

Los conversos y los moriscos

La razón principal para el establecimiento de la Inquisición española fue combatir la herejía y el judaísmo clandestino. Los cambios —según fue avanzando la Edad Media, con el crecimiento de una burguesía urbana y el declive de la influencia de los guerreros— abrían nuevos caminos a la riqueza y el poder. Los judíos aprovechaban estas oportunidades, y algunos llegaban hasta las cortes reales. El éxito de los judíos «del rey», como el de otros en el comercio, provocaba la envidia y la ira entre algunos cristianos. Muchos de los judíos españoles se habían convertido al cristianismo, a veces bajo una presión intensa. Los «cristianos viejos» acusaban a sus rivales de observar los ritos judíos en secreto.

Los judíos conversos, algunos de los cuales eran duchos en hebreo, estaban especialmente involucrados en la traducción. Por siglos los religiosos estudiosos de la Biblia habían traducido porciones a su idioma materno, o sea el castellano, el catalán y otros. Estas traducciones circulaban en forma de manuscrito entre un grupo de colegas, amigos, patrones o conocidos laicos —como los nobles que apoyaban monasterios en sus tierras. Mientras estos conversos no cuestionaran la Vulgata, no había muchos problemas con esta práctica. Pero cuando las autoridades cristianas organizaron las disputas para probar el error de la fe judía, la Vulgata fue desafiada por los rabinos como una versión problemática. Estos desafíos parecían confirmar la impresión de que los conversos, y también los judíos, se burlaban del cristianismo, en parte por el conocimiento profundo del idioma hebreo que solían tener.

Los moriscos presentaban otro blanco de la Inquisición. No era solo su fe musulmana lo que les hacía sospechosos, sino el miedo a los turcos —quienes competían con los españoles por el domino del Mediterráneo. La mayoría de los moriscos vivían cerca de la costa desde Andalucía hasta Cataluña, donde cultivaban olivos, naranjos, vides y otras cosechas. Los grandes terratenientes, todos cristianos, dependían de su labor, y no querían verles perseguidos por las autoridades. Sin embargo, no era posible evitar los ataques contra los moriscos. Las autoridades incrementaron la presión contra los musulmanes en el siglo XVI, primero con la prohibición de celebrar sus fiestas religiosas (como el ayuno por Ramadán), del canto y del baile, y sobre todo del uso del idioma árabe.

Algunos judíos y moros se adaptaban al cristianismo, mientras otros escondían sus libros y practicaban sus costumbres en secreto. Las autoridades sospechaban de los conversos de ambas tradiciones y buscaban delitos en todo aspecto de la vida: la comida, el vestido, la música y las costumbres reconocidas como típicamente judías o musulmanas. Para evitar la persecución, los sospechados mostraban su lealtad al leer los oficios de la Virgen en voz alta y juntarse con las cofradías de las iglesias locales, entre otras cosas. A pesar de estos esfuerzos, las autoridades no se convencían de la conversión verdadera de muchos cristianos nuevos.

Los cristianos

Antes de la Reforma, en el norte de Europa la Inquisición se preocupaba por la diversidad de creencias. Siempre había quienes mantenían sus propias ideas sobre la religión —hasta sacerdotes y monjas en los conventos. Esto no presentaba gran dificultad para las autoridades, mientras tales personas no tuvieran muchos seguidores ni recibieran mucha atención. Los cambios dentro de la sociedad alteraron esta actitud de tolerancia por parte de la iglesia. Había más oportunidad para promulgar ideas heterodoxas: el crecimiento en el conocimiento de la lectura y el acceso a los libros impresos, junto con una mejora en los caminos y el transporte.

En Castilla se gozaba de dos centros de ideas nuevas en las primeras décadas del siglo XVI: la corte imperial en Toledo y la nueva universidad en Alcalá de Henares. Teólogos, humanistas e impresores acompañaban a los cortesanos, maestros y estudiantes. Junto a estos grupos privilegiados había personas que trabajaban en los talleres de imprenta en los monasterios y las iglesias. Hombres y mujeres leían los libros, oían la predicación y discutían las ideas del fermento religioso del tiempo. Varios grupos de distintos niveles sociales buscaban reformas religiosas aparte de la iglesia establecida. Hasta 1525 existía cierta tolerancia de parte de las autoridades hacia la variedad de expresiones religiosas, pero en ese año la Inquisición empezó a moverse para garantizar la ortodoxia universal. Quienes sostenían una variedad de creencias resultaron ser sospechosos de herejía o de otros delitos religiosos. Entre ellos estaban los alumbrados.

Los alumbrados se llamaban así por su búsqueda de iluminación mediante la lectura de la Biblia y la dirección del Espíritu Santo dentro de su conciencia. Religiosos y laicos, hombres y mujeres con una educación formal básica, muchos de descendencia conversa, conocían las Escrituras judías, además de la Biblia cristiana. Creían en la revelación del Espíritu Santo en el corazón y la mente individuales. No eran místicos. Nunca hubo muchos alumbrados. Participaban en «un movimiento amorfo religioso... [Buscaban] una religión más pura, más sincera, menos ritualista» (Nieto 1997, 91-92). El acceso a la Biblia era posible gracias a las reformas del cardenal Jiménez de Cisneros. Al leer las Escrituras, los alumbrados las interpretaban a su manera, que no estaba de acuerdo con la doctrina oficial. El peligro de este movimiento era su autonomía —no dependían de la Iglesia Católica Romana. Para detener esta falta de conformidad, la Inquisición promulgó un edicto contra los alumbrados de Toledo el 23 de septiembre 1525. Ya se había encarcelado a dos de sus líderes, Pedro Ruiz de Alcaraz e Isabel de la Cruz.

Entre los católicos romanos que mantenían una relación estrecha con la iglesia oficial, hubo individuos que fueron investigados y hasta castigados por la Inquisición. Las causas de esto fueron múltiples. En algunos casos, como los frailes Luis de Granada (1504-1599), Luis de León (1527-1591) y José de Sigüenza (c.1544?-1606), el problema resultó de haber traducido porciones de la Biblia al castellano. Otros, como Juan de Ávila (c.1499-1596), y el predicador Íñigo o Ignacio de Loyola (1491-1556), el fundador de la Sociedad de Jesús, escribieron guías espirituales o crearon nuevos modelos de preparación para el clero. Algunos, como el obispo de Toledo, Bartolomé de Carranza (1503-76) eran católicos romanos evangélicos que querían renovar el espíritu religioso con una fe más sencilla y profunda. Teresa de Jesús, de Ávila, (1515-1582) buscó experiencias místicas para acercarse a Dios. Estas y muchas otras personas fueron investigadas por la Inquisición, pero no eran herejes en cuanto a la doctrina. Apoyaban el sistema, con la supremacía eclesial y política. Buscaban reformas dentro de la iglesia. Para ellos la religión verdadera era distinta de la práctica rutinaria y ritualista que encontraban en la iglesia de su tiempo. La religión verdadera dependía de un mejor entendimiento de las Escrituras, para guiar los cultos y la vida cotidiana.

Los erasmistas eran intelectuales que participaban del humanismo cristiano predominante en Europa en el primer cuarto del siglo XVI. Erasmo era tal vez el escritor más famoso de su época. Los profesores y estudiantes de la Universidad de Alcalá habían leído las obras de Erasmo, y algunos mantenían correspondencia con el holandés. Este criticó el monarquismo, la teología escolástica de los dominicos y los métodos anticuados de estudiar los textos de la Biblia. Su publicación del Nuevo Testamento en griego y latín posibilitó el estudio más profundo del texto sagrado. Erasmo, como otros pensadores de ese tiempo, también proponía para las mujeres una educación más igualitaria que la que existía. Todo esto fue un desafío para los teólogos de Salamanca y otros centros de estudio tradicional. Aunque sus ideas eran bien recibidas en los círculos del emperador Carlos V (Carlos I de España), se sospechaba que los erasmistas no eran buenos católicos romanos. Algunos sufrieron castigos duros por su expresión de ideas «erasmistas».

Los protestantes o evangélicos emergieron en las primeras décadas del siglo XVI. Estos hombres y mujeres siempre fueron perseguidos en España, donde se les identificó con la rebelión de Martín Lutero. Hubo individuos y grupos españoles, especialmente en Sevilla y Valladolid, que se reunían para leer la Biblia, orar y escuchar la predicación. La reacción contra los protestantes fue feroz: tuvieron que huir o sufrir un proceso largo que terminaba en la hoguera. La Inquisición también persiguió a los extranjeros protestantes, algunos de los cuales eran colportores de la Biblia en lengua española. Ya por el siglo diecisiete, cuando España necesitaba mantener relaciones más cordiales con los mercaderes de otros países, disminuyó la persecución de los extranjeros protestantes.

La censura

Con el desarrollo de la imprenta, fue posible producir y distribuir libros a un costo reducido y con mucha más facilidad. Ya no fue necesario copiar los textos letra por letra en los monasterios. El imperio de los Austria, que se extendía desde las tierras alemanas al norte de Europa hasta el sur de España e Italia, facilitaba la comunicación y el transporte de libros y artesanos. Ya antes del año 1500 había imprentas en Barcelona, Zaragoza, Valencia, Sevilla, Salamanca y Burgos. Algunos impresores eran extranjeros, de origen alemán o flamenco, mientras otros eran españoles. Sus talleres de imprenta eran sobre todo negocios y la consideración principal para imprimir un libro era si se vendía bien o no. No les importaba si los libros que imprimían eran ortodoxos o sancionados por las autoridades religiosas.

La Iglesia Católica Romana se esforzaba por controlar la producción de libros. En 1515 el concilio Laterano declaró que no se podía imprimir nada hasta que fuera examinado y recibiera el imprimátur —una licencia del obispo u otro oficial eclesiástico. Cuando esta prohibición no detenía los libros indeseables, los delitos de imprimir, vender, guardar o leer los libros heréticos eran castigados más severamente. Sin embargo, los libros prohibidos circulaban en todas las lenguas europeas.

La censura de la literatura era una de las armas mayores con que las autoridades religiosas intentaban «proteger al pueblo» de las ideas heréticas. No se permitía la lectura o la interpretación que no fuera guiada por una persona de confianza en cuanto a las creencias de la iglesia establecida. Carlos V, como emperador de territorios de habla alemana, vedó la traducción alemana que Martín Lutero hizo de la Biblia en 1521. Las obras de los reformadores ingleses, alemanes, suizos, franceses y de los Países Bajos también fueron prohibidas por la Iglesia Católica Romana. Hasta la obra de escritores conocidos por su ortodoxia, como Luis de Granada y Juan de Ávila, fue prohibida porque algún censor vio algo que le pareció cuestionable. La literatura secular también atraía la atención de los censores. Las novelas, las obras dramáticas, la poesía y los ensayos eran revisados en busca de alguna herejía.

En 1559 la iglesia creó la primera lista de libros prohibidos, llamada el *Índice expurgatorio*. Recibió este nombre porque los censores recortaban, o expurgaban, las páginas ofensivas. Libros que habían sido cuestionados antes ahora aparecían en el *Índice* cuando los censores sospechaban algún peligro. La traducción de la Biblia presentó un dilema para los guardianes de la ortodoxia: los fieles debían conocer las Escrituras mejor, pero si leían (u oían) la Biblia, podrían interpretar los pasajes de una manera no conforme con las enseñanzas oficiales. Esta cuestión desafió a las autoridades con el caso de uno de sus hijos más fieles, Fray Ambrosio Montesino. Sus traducciones y poesías basadas en la Biblia avanzaron la reforma de la Iglesia Católica Romana en España. Su obra *Las Epístolas y evangelios* fue publicada por lo menos ocho veces antes de 1550, en Sevilla, Amberes y Toledo, pero creó ansiedad entre los inquisidores porque permitía que los laicos leyeran porciones de la Biblia en español sin la dirección de un sacerdote o consejero espiritual. Quienes que leyeran (u oyeran) la Biblia, podían interpretar los pasajes de una manera distinta de las autoridades. Ya por el siglo diecisiete este libro salió con cambios hechos en nombre de la censura: *Epístolas y evangelios para todo el año, según lo tiene y canta la Santa Madre Iglesia romana, con sus doctrinas y sermones / compuesto por... Fray Ambrosio Montesino, de la Orden de S. Francisco; agora nuevamente visto y corregido, y puesto conforme el orden y estilo del missal y rezo romano de....[sic].* Esta obra, que había sido de gran beneficio para el pueblo, fue corregida, expurgada y a la postre prohibida.

La censura afectaba toda la cultura: el drama, el derecho civil y canónico, la religión y la ciencia. El humanista Pedro Juan Núñez en la década de 1550 describió el efecto de esta represión por parte de los inquisidores.

> Y lo peor de todo es que querían que nadie se aficione a las letras humanas por los peligros, pretenden ellos, que en ellas hay; de que así como enmienda un humanista un lugar de Cicerón, así enmendara uno en la Santa Escritura; y diciendo mal de los comentadores de Aristóteles, hará lo mismo de los doctores de la Iglesia. Estas y otras semejantes necedades me tienen desatinado, que me quitan las ganas de pasar adelante (García Cárcel 1997, 61).

El legado de la Inquisición

La Inquisición duró en España hasta 1834. Fue sobre todo un sistema de control de la mente y del pensamiento, una «policía de ideas». Bajo la sombra inquisitorial, la religión, la literatura, la ciencia, la política y hasta la reflexión personal sufrieron grandes daños por el temor y la censura. Duró tanto tiempo —más que en todo otro país— porque servía a los dirigentes de la sociedad, tanto reyes como obispos.

Figura 11. Córdoba, con las ruinas de la prisión de la Inquisición a la derecha. En las primeras décadas del siglo XIX, hubo una reacción en contra de la Inquisición, con la destrucción de muchas de sus propiedades. John Stoughton (1807–1897), *The Spanish Reformers: Their Memories and Dwelling Places*, p. 109.

Juan Luis Vives, el teólogo y moralista, publicó varios estudios, uno de ellos sobre la obra de San Agustín. Su defensa del cristianismo frente al judaísmo y el islamismo se encuentra en su obra monumental, *De la verdad de la fe cristiana*. Vives tuvo que publicar sus libros fuera de España. Tenemos el testimonio de Vives sobre el ambiente en que se encontraba: «Cada vez resulta más evidente que ya nadie podrá cultivar las buenas letras en España, sin que al punto se descubra en él un cúmulo de herejías, errores, de taras judaicas. De tal manera es esto así que se les ha impuesto silencio a los doctos, y a aquellos que corrían a la llamada de la erudición les ha inspirado, como dicen, un enorme terror» (García Cárcel 1997, 60).

El sistema de identificar y castigar a los disidentes del estado y la iglesia españoles ya estaba bien desarrollado en las primeras décadas del siglo dieciséis. Los monarcas se habían declarado campeones de la fe católica romana. El poder, que antes se hallaba disperso entre las ciudades y los nobles en sus tierras, se concentró en la persona del rey. Este había creado una burocracia que cumplía con sus deseos. Carlos V y su hijo, Felipe II, se dedicaron a preservar la Iglesia Católica Romana y todos sus ritos tradicionales. Promulgaron la visión de una España unificada espiritualmente en torno a una sola fe. No cabían las creencias no cristianas, ni aun las interpretaciones distintas de lo oficial.

Al mismo tiempo, la imprenta y el comercio de libros cambiaron para siempre las sociedades de Europa. Los libros y los pliegos circulaban entre los religiosos, los nobles, los comerciantes y hasta los grupos menos privilegiados. La misma unificación del Imperio de los Austria facilitó la comunicación y el intercambio de libros entre los distintos países. Ahora le era posible a un sacerdote o mercader asistir a la feria de libros en Frankfurt, hacer sus compras y llevar o mandar los libros a España. Las Biblias, en latín, en alemán y en otras lenguas, se podían comprar y llevar a casa para estudiar. Esta facilidad, y la inquietud e interés en asuntos religiosos, incrementaron el número de lectores de la Biblia.

Las prácticas religiosas disidentes tampoco se podían extirpar en su totalidad. En los pueblos remotos, especialmente en el noroeste de España, la Inquisición no tenía tanta influencia. Sin embargo, en las ciudades, las universidades, los monasterios y los centros metropolitanos, el «silencio» se había impuesto.

En las Américas la Inquisición representaba una autoridad que competía por el poder con los virreyes. Nunca alcanzó los niveles de privilegio y poder que tenía en España, por razones de la extensión del territorio y de falta de recursos. Los jueces en las Indias tenían mayor discreción e independencia; no era posible consultar constantemente con los superiores. Lima, México y Cartagena se encontraban lejos de la Suprema. Ni los procesos ni las penas eran tan severos en las Indias. Sin embargo, los inquisidores resistían ferozmente la evolución de las ideas y el cambio de gobiernos. La Inquisición duró hasta los últimos años del imperio y dejó su marca en las nuevas repúblicas.

El Santo Oficio combatía cualquier divergencia de lo ortodoxo. Su poder policial, judicial y religioso sostuvo el estado-iglesia español y mantuvo la conformidad por 350 años. Inhibió la expresión libre en la literatura y la investigación objetiva en las ciencias y en los estudios sociales. En cuanto al pensamiento religioso, también inhibió la traducción de la Biblia.

Biblias para todos

Capítulo 7

L a Biblia estuvo presente en Iberia desde los primeros siglos de nuestra era. Las comunidades judías y cristianas gozaban de Biblias copiadas a mano, ilustradas ricamente y guardadas con honor en las sinagogas, los templos y los palacios.

A pesar de la existencia de bellos ejemplares de las Escrituras, la mayoría de los cristianos no tenía acceso directo a la Biblia. Las Biblias pertenecían a los hombres y mujeres ricos, sobre todos los eclesiásticos de alto rango, los nobles y los reyes. La fe cristiana se le comunicaba al pueblo por las enseñanzas y las actividades de las iglesias, no mediante el estudio de la Biblia.

Nuevas oportunidades y nuevos desafíos cambiaron todo esto a fines de la Edad Media. En Europa una demanda por conocer la Biblia mejor coincidió con la posibilidad de proveer Biblias a un pueblo interesado. Para responder a esa demanda, tres cosas hacían falta: (1) las traducciones de las Escrituras a las lenguas entendidas por la mayoría de la gente, (2) la producción de ejemplares suficientes para satisfacer la demanda, y (3) la distribución de las Biblias a la comunidad. Producir Biblias para todos era trabajoso, complejo y costoso; también resultó ser peligroso para los traductores, los impresores y los colportores.

Francisco de Enzinas

El honor de hacer la primera traducción del Nuevo Testamento de su idioma original al castellano le pertenece a Francisco de Enzinas (1520-1552). Había muchos libros devocionales con parte del Nuevo Testamento en la lengua española, como el famoso *Epístolas y evangelios* de Montesino. Pero el Nuevo Testamento de Enzinas fue la primera traducción completa que el pueblo pudo leer o escuchar, estudiar y meditar sobre los textos cristianos.

Enzinas se destacaba por su formación como humanista, con un trasfondo en latín y en las obras clásicas de la antigüedad. Gozaba de una fe viva que le motivó a aprender el griego para poder estudiar el texto original del Nuevo Testamento.

En 1534, cuando Enzinas tenía sólo catorce años, sus padres le mandaron al norte de Europa, donde tenían familia, para estudiar. Siguió en los pasos de su hermano Diego, asistiendo a los centros educativos en Amberes y Lovaina en los Países Bajos. Los dos jóvenes mostraron mucho interés en las nuevas corrientes de la teología dentro del ambiente fluctuante del cristianismo en Europa. Después de tres años, Enzinas regresó a Burgos, su ciudad natal, a pedido de su familia.

Enzinas llegó al momento en el que la Inquisición acusó a su tío, el abad Pedro de Lerma, de herejía. Lerma había ayudado al cardenal Cisneros a establecer la Universidad de Alcalá, y dictó clases en ella. También sirvió de decano de teología en la Sorbona en París. Lerma se dedicó a leer la Biblia y también leyó las obras de Erasmo. Enzinas contó que su tío solía predicar con «pureza» de la Biblia y que tal vez fue por esta predicación, clara y bíblica, que la Inquisición le acusó. Los inquisidores se preocupaban sobre todo por la frase que el abad usaba que «la ley no había sido dada por los justos». Esto les parecía afín a las proposiciones de Lutero, ya declarado hereje por las autoridades. A los setenta y un años, la Inquisición le exigió a Lerma que hiciera una declaración pública nombrando sus errores. El abad abandonó España para siempre, y se fue a vivir en París.

La experiencia de Lerma, tan respetado por su piedad, impresionó a Enzinas. El joven se matriculó en la Universidad de Lovaina en 1539, donde estudió por dos años, saliendo descontento con la ortodoxia y la rigidez de la instrucción. Los dos hermanos, Francisco y Diego, visitaron a su tío en París poco antes de la muerte de éste en 1541.

Francisco Enzinas buscó otro clima religioso en Wittenberg, Sajonia (ahora Alemania), donde Lutero había enseñado. Se matriculó en la universidad y vivió en casa de Felipe Melanchthon. El reformador alemán le animó en el deseo de traducir el Nuevo Testamento, tarea a la cual Enzinas se dedicó por dos años. El joven usó la versión griega y latina publicada por Erasmo.

Terminada la traducción, Enzinas quiso publicarla y presentarla a su rey, el emperador Carlos V. Los tiempos no resultaron propicios, por la persecución en Lovaina de algunas personas acusadas de ser luteranas. El joven español fue testigo de los juicios y después expresó su disgusto por la ignorancia de los «teólogos» en contraste con los acusados. Los hombres declarados herejes fueron quemados y las mujeres enterradas vivas. A pesar de esta situación espantosa, Enzinas buscó una licencia para publicar el Nuevo Testamento y mostró su manuscrito a algunos teólogos de la universidad. Estos no entendían el español, y no podían comentar sobre la calidad de la traducción, pero le aconsejaron cautela. Dijeron que las herejías en los Países Bajos se basaban en la lectura libre de la Biblia. Imprimir las Sagradas Escrituras en los idiomas vernáculos no era sabio en ese momento, pues fomentaba el mal entender y la herejía. Enzinas entonces buscó una opinión sobre su traducción, y la mostró a unos españoles eruditos de la ciudad. Su tío, Diego Ortega, quien vivía allí y también era humanista, miraba con simpatía el proyecto de su sobrino. El tío y los otros lectores españoles aprobaron el esfuerzo de Enzinas en cuanto a la traducción y la meta de publicarla para beneficio del pueblo.

Enzinas marchó para Amberes, una ciudad famosa por la cantidad y la calidad de sus impresores que producían libros en todas las lenguas europeas. También esta ciudad gozaba de un ambiente más abierto para los disidentes religiosos, tolerando a los luteranos, los calvinistas y hasta a los anabautistas. En Amberes había varias personas que producían obras en español. El impresor Mattheus Crom tenía historia de imprimir obras reformistas escritas por Tyndale y Coverdale (los traductores ingleses de la Biblia), LeFèvre (el religioso francés), Erasmo, Calvino y Lutero. Crom era ayudado por su cuñado, Stephan Mierdmans, y el nombre de éste aparece en la obra de Enzinas. Mierdmans le aseguró al español que no era necesario tener una licencia para el proyecto. Enzinas pagó los costos. Decidieron hacerlo en el tamaño llamado «octavo» (la página medía aproximadamente 6" x 8 1/2" ó 15 x 22 cm.) con tipo romano. Este formato era popular para las Biblias porque costaba menos que las obras de tamaño más grande. Enzinas escogió las ilustraciones de entre las que la imprenta tenía. Los grabados de los apóstoles Mateo, Marcos, Lucas y Juan aparecían al principio de sus evangelios, y los de Pedro, Santiago y Pablo ilustraban aspectos de su vida y teología, además de representarles.

La obra salió de la prensa en el otoño de 1543, con el título *El Nuevo Testamento, esto es el nuevo pacto de nuestro Redemptor y solo Salvador Iesu Christo* [sic]. El impresor y el traductor anticipaban pocos problemas con los censores. Las páginas quedaron sueltas, como era la costumbre. Los libros de esa época eran atados y encuadernados solo cuando se presentaba la oportunidad para venderlos, y quedaban sueltos hasta el momento de compra.

Un teólogo dominico se presentó y sugirió varios cambios. El título era peligroso, dijo, por el uso de la palabra «pacto» (un término que los luteranos usaban). Decir «solo Salvador» indicaba un menosprecio a las tradiciones de la Iglesia Romana Católica, como la intercesión de los santos y las obras (rezar el rosario, realizar actos penitenciales, etc.). Cambiaron la página titular a *El Nuevo Testamento de nuestro Repemtor y Salvador Jesu Cristo, traduzido de Griego en lengua Castellana, por Fransisco de Enzinas dedicado a la Cesarea Magestad. Habla Dios. Josue 1. No se aparte el libro de esta ley de tu boca. Antes con atento animo estudiaras en el dia y de noche: para que guardes y hagas conforme a todo aquello que esta en el escrito. Por que entonzes haras prospero tu camino, y te gobernaras con prudencia.*

Enzinas le dedicó su traducción a Carlos V, y en el prólogo explicaba que ya era tiempo de que hubiera una Biblia en la lengua castellana. Señalaba que sólo los españoles no tenían las Sagradas Escrituras en su propio idioma, mientras los otros europeos sí las tenían. Se refería directamente a la sospecha de herejía, diciendo que las herejías nacen por el mal entender y la mala interpretación. Si el pueblo tiene una Biblia que puede leer, será más cristiano y apoyará mejor la doctrina de la Iglesia.

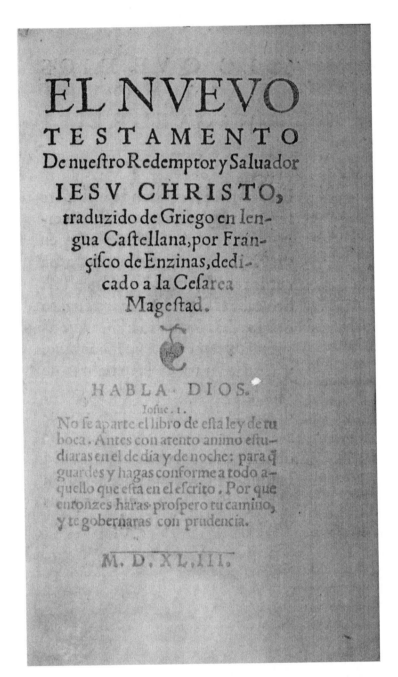

Figura 12. *El Nuevo Testamento* de Francisco de Enzinas, 1543. *Scheide Document No. 7.3.7. Foto © Sheide Library at Princeton University Library.*

Con su Nuevo Testamento en la mano, Enzinas fue a Bruselas, donde el Emperador y la corte se habían establecido. El joven no sabía que la fama de su proyecto ya había alcanzado los niveles más altos. El Emperador, su hija Margarita de Parma, quien era regente de los Países Bajos, y los teólogos comunicaban en secreto su desaprobación de Enzinas y de la traducción. El gobernador de la ciudad de Amberes recibió instrucciones de confiscar y destruir todos los ejemplares del Nuevo Testamento. Este señor respondió que conocía el proyecto, que había sido aprobado por los frailes, y que éstos no habían descubierto nada malo en él. Sin embargo, destruyó todos los testamentos que pudo encontrar. El traductor ya era acusado de herejía, sin saberlo todavía.

Enzinas confió en la bondad del Emperador, imaginando que sus enemigos eran los frailes y no su rey. Se presentó en la corte, dándole su Nuevo Testamento a Carlos. Éste ordenó que su confesor, el dominico Pedro de Soto, examinara a Enzinas. El fraile y el traductor discutieron sobre la naturaleza de la herejía en cuanto a la lectura de la Biblia. El fraile objetó a algunas palabras y frases que aparecían en mayúscula, a las notas de explicación que Enzinas había escrito para aclarar palabras ambiguas o difíciles, y a la traducción en su totalidad.

El joven traductor fue arrestado, juzgado y condenado a la cárcel en Bruselas. Mientras tanto, su familia trabajaba para que no fuese transferido a la jurisdicción de la Inquisición española. Los familiares también le visitaban y le sostenían con lo necesario para sobrevivir su encarcelamiento. Enzinas recibía muchas visitas de personas interesadas en su obra e inconformes con su condena. El carcelero y su esposa le trataban bien, haciendo esfuerzos por animarle. Después de quince meses, Enzinas logró escapar una noche cuando descubrió que las puertas no estaban atrancadas.

Al escapar en 1545, Enzinas fue a Wittenberg y permaneció en territorios fuera del control del Emperador. Pero otros no escaparon tan felizmente. El próximo año su amigo, Juan Díaz, fue asesinado, como hereje, por su propio hermano. En 1547 Diego de Enzinas, el hermano de Enzinas, fue quemado en Roma por la Inquisición. En esta atmósfera de violencia, Enzinas y su familia sufrieron continuas amenazas de las autoridades.

Enzinas tuvo amistades con reformadores distinguidos en Alemania, Suiza e Inglaterra. Se casó con Margarita Elter de Estrasburgo, y los dos viajaron a Inglaterra. Allá el arzobispo Cranmer le dio un puesto en la Universidad de Cambridge, donde enseñó griego. Mientras tanto, seguía escribiendo y traduciendo obras al castellano. Se sabe mucho sobre su vida y los acontecimientos de su época porque escribió una detallada historia, *Memorias: Historia de los Países Bajos y de la Religión de España*. Enzinas falleció de la peste en 1552, todavía joven.

Unos treinta ejemplares del Nuevo Testamento sobrevivieron la destrucción y ahora se encuentran en las bibliotecas de Europa y los Estados Unidos. La obra de Enzinas sirvió a los traductores que le siguieron: Juan Pérez, Casiodoro de Reina y Cipriano de Valera.

Juan Pérez de Pineda

Juan Pérez de Pineda (¿- 1567) fue diplomático, con servicio en las cortes del Papa y del emperador Carlos V. Luego cambio de vocación, para hacerse religioso. Vivió en Sevilla y estuvo asociado con el Convento de San Isidoro. También sirvió en el Colegio de la Doctrina de los Niños.

En el siglo dieciséis, Sevilla era la ciudad más cosmopolita de Iberia. Recibía mercancías e ideas de todo el mundo. Sevilla también era un lugar donde se estudiaba la Biblia y se interpretaba en una forma distinta a la tradición de la Iglesia Católica Romana. En la catedral se escuchaba la predicación del evangelio por parte de los doctores Juan Gil (también conocido como el Dr. Egidio) y Constantino Ponce de la Fuente, ambos graduados de la Universidad de Alcalá. También había grupos de religiosos y laicos que se reunían en los conventos y en las casas particulares para leer y estudiar la Biblia. En la década de 1540 y hasta 1551, Ponce de la Fuente escribió libros sobre el cristianismo que dependían más de la Biblia que de la teología tradicional. Estos y otros libros eran publicados y vendidos por imprentas sevillanas, y tenían mucho éxito entre el público. La situación en Sevilla cambió radicalmente cuando la Inquisición detuvo a Gil en 1549.

Ya hacía pocos años que la Iglesia Católica Romana se había movilizado para enfrentar la crisis producida por la Reforma en varios países. Los obispos se reunieron en un concilio en la ciudad de Trento en el norte de Italia. Durante dieciocho años, en una serie de sesiones, se debatieron la teología, la estructura y las modalidades de la Iglesia Católica Romana. Los teólogos «ortodoxos» llamaban «luterano» a toda clase de pensador o crítico que expresara alguna idea distinta de las suyas. Las definiciones de la ortodoxia cambiaron con los años, causando problemas para los pueblos y para la misma iglesia. En España, el Gran Inquisidor, Fernando de Valdés (quien no era pariente de Juan de Valdés), se dedicó a identificar y castigar a los «luteranos» por dondequiera que se encontraran. En Sevilla los inquisidores investigaron a los monjes y a las monjas, a los sacerdotes, los profesores, los escritores, los impresores, los mercaderes y cualquier otro tipo de persona que mostrara conocimientos de ideas religiosas diferentes de las que las autoridades sostenían. Las personas declaradas culpables —después de largos años de investigación, encarcelamiento y juicio (o «proceso»)— fueron castigadas severamente.

Ante la amenaza de la Inquisición, Pérez abandonó Sevilla alrededor de 1550. El ex-diplomático conocía bien el mundo del Sacro Imperio Romano, con su política internacional, variedad de personajes e intrigas, y pudo esquivar los espías de la Inquisición. En París, Pérez junto con otros españoles, encontró un círculo de refugiados en casa de Juan Morillo, un teólogo que había asistido a las primeras reuniones del Concilio de Trento. En Trento Morillo había afirmado la necesidad de traducir la Biblia a las lenguas vernáculas. En París, los hombres del círculo de Morillo discutían la obra de Juan de Valdés y de los italianos llamados *spirituali*. Después de varios meses, Pérez fue a Inglaterra, donde la Reforma protestante fue fomentada por los reyes hasta la accesión de María, la hija de Catalina de Aragón y Enrique VIII, en 1553. La llegada de la nueva reina fue acompañada por el restablecimiento de la Iglesia Católica Romana. Este cambio abrupto, después de quince años de reformas en la iglesia inglesa, resultó en el éxodo de numerosos exiliados «marianos», como llamaron a las personas que huían de la reina María Tudor. Pérez y otros españoles salieron de Inglaterra para buscar otro lugar donde vivir sin la persecución del estado o el temor a la Inquisición.

Pérez fue a Ginebra, una ciudad independiente en Suiza donde se había establecido un gobierno evangélico bajo el liderato de Juan Calvino. El español recibió el apelativo honorífico de «vecino», que le otorgaba ciertos derechos y privilegios. Ahí, en una ciudad autónoma dedicada a la Reforma, Pérez ministró a un grupo de refugiados españoles, predicando en el templo que Calvino le había dado.

En Ginebra era posible escribir, publicar y distribuir literatura evangélica, un empeño al cual Pérez se dedicó por el resto de su vida.

Entre sus colaboradores estaba el joven humanista e impresor Jean Crespin. Otro fue Julián Hernández, un cajista de imprenta y corrector de galeradas.

En 1556 Pérez publicó una edición del Nuevo Testamento basada en la obra de Enzinas de 1543. De ésta quedaban pocos ejemplares después de las confiscaciones de la Inquisición. El objetivo de Pérez fue doble: proporcionar Biblias a los refugiados y, sobre todo, mandar Biblias a España. Siempre estuvo pendiente de las necesidades de quienes en la península ibérica sentían más y más la supresión de su fe religiosa. Todas sus publicaciones fueron dirigidas a tales personas, ofreciéndoles apoyo mediante la literatura devota, junto con el reconocimiento de que otros no se habían olvidado de su estado precario. Con estos fines produjo una serie de obras. Las publicaciones bíblicas eran: el *Comentario a los Romanos* y el *Comentario a I Corintios* por Juan de Valdés, *Los Salmos de David* traducidos por Pérez mismo y el *Nuevo Testamento de Nuestro Señor y Salvador Iesu Christo* en 1556.

En su edición del Nuevo Testamento Pérez escribe una dedicatoria: «Al Todopoderoso Rey de cielos y tierra Jesucristo….», y una «Epístola en que se declara que cosa sea Nuevo Testamento, y las causas que hubo de traducirlo en romance». Da dos razones para haberlo traducido:

> La una, que sintiéndome muy obligado al servicio de los de mi nación, según la vocación con que me llamó el Sennor a la anunciación de su Evangelio… en su propia lengua, traducida con fidelidad… Para que así los que no pudieren oírlo, y quisieren y supieren leer, puedan sacar de el fruto para el cual nos fue dejado de Jesucristo Porque esta doctrina no fue dada a una nación, ni a cierta condición de personas, ni tampoco para ser escrita en uno o dos lenguas solamente. Bien es universal, dado a todas las naciones de la tierra, para ser puesto en sus lenguas, y entendido por medio de ellas. Doctrina es necesaria a chicos y grandes, a viejos y mozos, a ricos y pobres, a siervos y libres, a ignorantes y sabios, a altos y bajos, a pecadores y justos. Todos tiene parte en ella… La otra de las dos causas que arriba dije que me movieron a este trabajo, fue por servir a la gloria de mi nación, la cual es afamada por todas partes de animosa y de victoriosa… Vencer a otros, cosa es que se tiene por gloriosa, y muy estimada delante de los hombres; pero vencerse a si, es de mucha mayor gloria y de mayor honra para delante

Figura 13. *El Nuevo Testamento* de Juan Pérez de Pineda, 1559. *General Collection. Beinecke Rare Book and Manuscript Library, Yale University.*

de Dios… Aquello con que se alcanza esta victoria, que es la mayor y mas ilustre de todas cuantas se pueden pensar en este mundo, es la lección y la inteligencia de lo que en este libro sagrado se contiene. Por eso se lo doy en romance, para que lo entienda y lo pueda alcanzar y gozar… [sic] (Stockwell 1951, 59, 60, 65-66).

Este Nuevo Testamento llevaba datos ficticios en cuanto al sitio de publicación, como era costumbre para proteger la identidad del impresor. El lugar dado era Venecia, en vez de Ginebra, y el nombre del impresor aparecía como Juan Filadelfia en vez de Jean Crespin.

La traducción de los Salmos por Pérez ha sido elogiada por estudiosos de la Biblia y de la lengua castellana. Sobre la necesidad de tener los Salmos en la lengua conocida por el pueblo español, Pérez comentó: «[En los Salmos] el Señor nos quiso dar en el como un sumario de avisos, de consuelos, de recreaciones espirituales y de otros muchos dones para que dándonos de el, tuviésemos siempre a la mano abasto de todos los bienes con que será aliviados en nuestros males y miseria» (Nieto 1996, 449).

Los libros impresos por Pérez y su equipo iban destinados al público español. Pero, ¿cómo distribuirlos? Los españoles exiliados se encontraban en las ciudades libres de Alemania y Suiza, en Inglaterra y en los Países Bajos. Había comunicación entre los refugiados por medio de los pastores y las iglesias donde asistían (iglesias calvinistas o luteranas de habla francesa, por lo general). Los vendedores ambulantes compraban los libros de los impresores para venderlos a su clientela, sin preocupación por la ortodoxia de nadie. También era posible vender las publicaciones en las ferias de Frankfurt, Estrasburgo, Basilea y otras ciudades donde se ofrecía una gran variedad de libros en todas las lenguas. El acceso a estos centros se garantizaba por medio de treguas y libertad de viajar durante la época en que se celebraba la feria. La feria de libros de Frankfurt era reconocida como la más importante de todas.

Introducir libros a España era difícil y peligroso dada la vigilancia de la Inquisición en los puertos y los caminos de todo el imperio. Según los escritores de aquel tiempo, era necesario planificar cuidadosamente el transporte de los libros. Primero se necesitaba una red de colaboradores, con la cooperación entre los refugiados en Ginebra, donde se imprimían los libros, y luego colegas que vivieran en el camino hacia el sur. Los libros se encuadernaban, pues no sería factible seguir la costumbre de proporcionar las hojas sueltas para que cada comprador hiciera su propia encuadernación. Los libros ya encuadernados eran empacados en grandes pipas o toneles para aparentar un cargamento líquido. Alguien tenía que acompañar los libros, con los papeles necesarios para satisfacer la aduana y con bastante dinero para pagar los gastos, incluso el soborno de los agentes del gobierno, si fuera necesario.

¿Qué ruta se tomaría con este cargamento pesado, clandestino y peligroso? Existían dos posibilidades: cruzar los Pirineos que ocupaban la frontera entre el sur de Francia y el norte de España, o ir por barco por los ríos de Europa y por mar hasta llegar a Sevilla. Por tierra los caminos subían y bajaban por las cimas y valles de las montañas, con sendas a veces tan estrechas y rocosas que sólo una mula podía pasar. Los viajeros tenían que preocuparse por el frío, la neblina y las tempestades. Sin embargo, el peligro mayor era la presencia de bandoleros que asaltaban a quienes carecían de salvoconductos, obtenidos a cambio de un soborno. En los Pirineos los bandidos organizados dominaban el territorio. Si se sobrevivía el clima, la condición del camino y los bandidos, el cargador tenía que pasar por la aduana para entrar en territorio español, y satisfacer a los agentes de la Inquisición. El viaje por mar, saliendo de los Países Bajos, era más rápido, pero los espías de la Inquisición y del Emperador se encontraban en todas partes. Si el cargamento de libros llegaba a Sevilla sin denuncia de los agentes de la iglesia-estado, tendría que pasar por unas inspecciones minuciosas en la aduana. Ya por esa época la iglesia-estado estaba vigilante para confiscar cualquier publicación sospechosa. Sobre todo, se intentaba detener la distribución y la lectura de la Biblia en lengua española y arrestar a toda persona involucrada en ese tráfico clandestino.

Julián Hernández, el cajista, expresó el deseo de llevar a España el cargamento de las obras impresas por Pérez. Julianillo, como se le conocía, tal vez por su estatura baja, había nacido en Villaverde de Medina de Ríoseco, cerca de Toledo. Es posible que haya oído la predicación de los alumbrados en su pueblo natal y de los sacerdotes evangélicos de Sevilla, donde vivió en la década de 1540. Abandonó España en 1551 ó 1552 para escapar de la Inquisición e ir al norte, donde conoció a personas y congregaciones evangélicas. En Frankfurt, se unió con una congregación luterana donde sirvió como diácono, para después llegar a Ginebra.

La preparación del cargamento recibió una contribución de treinta ducados de un ex fraile, quien ahora vivía en Frankfurt. Este dinero ayudó en el pago de la encuadernación de los libros, que fueron empacados en barriles para disimular su contenido. Hernández también llevaba cartas de los exiliados dirigidas a sus amigos en Sevilla. Con toda la preparación hecha, Hernández salió para España con el cargamento. Al llegar a Sevilla fue aprehendido por la Inquisición, pero no se sabe cuántos libros había distribuido antes de ser arrestado. Una investigación y un proceso siguieron, durante los cuales los oficiales examinaron al reo bajo tortura. Parte del registro del proceso en contra de Hernández existe hoy en el Archivo Histórico Nacional en Madrid. En éste se declara que Hernández dio los nombres de protestantes españoles en el norte de Europa y describió los cultos y la organización de la comunidad evangélica allí. No se sabe si nombró a quienes todavía estaban en Sevilla. El juicio duró tres años. A pesar de la presión y el maltrato, Hernández nunca abjuró de sus creencias evangélicas, y fue quemado en un auto de fe el 22 de diciembre de 1560.

Los Nuevos Testamentos de Pérez, como los de la versión de Enzinas, fueron confiscados y destruidos por las autoridades siempre que les fue posible. A pesar de esta oposición oficial, algunos sobrevivieron, y los españoles valoraban esta traducción.

El sueño de Pérez era publicar una Biblia cristiana completa, de la cual este volumen sería parte. A pesar de los acontecimientos trágicos en Sevilla, Pérez siguió con su trabajo de proveer libros religiosos a la comunidad evangélica española. En 1567 fue a París, un centro de impresión, pero también un sitio peligroso por la oposición oficial a los esfuerzos no católicos romanos. Allí quiso hacer una reimpresión del Nuevo Testamento que había publicado en Ginebra. Se enfermó y murió en París, dejando un legado para la futura publicación de la Biblia en lengua española. La beneficiaria del legado fue Renata de Francia, antigua duquesa de Ferrara, quien ahora vivía en su tierra natal, donde ayudaba a los evangélicos. El dinero del legado de Pérez venía de las contribuciones de «pobres protestante españoles», según Antonio del Corro, uno de los ex monjes de San Isidoro del Campo. Pronto este dinero sería invertido en la publicación de una Biblia basada en los trabajos de los judíos sefardíes Francisco de Enzinas y Juan Pérez de Pineda. Por primera vez, los españoles iban a tener una Biblia completa que podrían leer y escuchar en su propia lengua.

Las Traducciones de Reina y Valera

por Jorge A. González

Capítulo 8

Este capítulo está tomado de la obra original de Jorge A. González, *Casiodoro de Reina. Traductor de la Biblia en español.* (México: Sociedades Bíblicas Unidas, 1969), y se publica con el permiso de las Sociedades Bíblicas Unidas.

El convento de San Isidoro

Al norte de Sevilla, en la pequeña municipalidad de Santiponce, camino a Badajoz, se alza el convento de San Isidoro del Campo. Sus celdas y sus muros, sus claustros y jardines son hoy testigos mudos de los hechos que conmovieron a Sevilla en el siglo dieciséis.

San Isidoro fue fundado por Don Alonso Pérez de Guzmán, conocido como el Bueno, en 1301, en tiempos de Fernando IV. Cuenta la tradición que en aquel lugar estuvo sepultado Isidoro de Sevilla hasta que Fernando el Grande obtuvo permiso del rey de Sevilla, Amucamuz Aben Abeth, para trasladar sus restos a León. Cuando por fin los cristianos conquistaron a Sevilla construyeron una ermita en el lugar sagrado. Como estaba situada dentro de las tierras de Don Alonso Pérez de Guzmán, la ermita se convirtió en centro de su interés y devoción. No pasó mucho tiempo sin que Don Alonso concibiera la idea de convertirla en convento, dedicado a la memoria de Isidoro y para que sirviera a la vez de mausoleo para él y sus descendientes. Fue así como junto con su esposa, Doña María Alfonso Coronel, solicitó y obtuvo la carta real y la bula papal que le autorizaron para establecer el monasterio.

Durante más de un siglo el monasterio estuvo en manos de los monjes del Císter, pero en 1431 Don Enrique de Guzmán, Conde Niebla, disgustado con la conducta de esos monjes, logró que el Papa pusiera el monasterio bajo la jurisdicción de los Jerónimos de la Observancia, grupo este desprendido de la antigua Orden de San Jerónimo.

La Orden de San Jerónimo había sido fundada en 1373. Américo Castro ve en ella la expresión española del espíritu de los beguinos y begardos que florecieron algún tiempo antes, y la compara con los Hermanos de la Vida Común, quienes también tenían a Jerónimo como santo patrón. Según él los frailes jerónimos —en contraste con las otras dos órdenes de origen español— los dominicos y jesuitas, practicaban un cristianismo de carácter espiritual, paulino, de énfasis en la vida interna y de raíces bíblicas.

La orden creció en poder e influencia hasta que en 1425 su general, Fray Lope de Olmedo, trató de sustituir la regla de Agustín —bajo la cual se regían los monjes— por otra mucho más estricta preparada por él y basada en los escritos de Jerónimo. Destituido como general por tal motivo, Fray Lope se refugió en la Orden del Cartujo. Poco después pasó a Roma a visitar a un antiguo compañero de estudios, el Papa Martín V. De él obtuvo permiso para establecer una nueva orden que funcionara bajo su regla y que se llamó Monjes Ermitaños de San Jerónimo, o Jerónimos de la Observancia.

Fray Lope de Olmedo llegó a Sevilla, con autorización del Papa, para establecer casas en todas las provincias de la cristiandad al tiempo que Don Enrique de Guzmán buscaba otra orden que reemplazara a los cistercienses de San Isidoro. En septiembre de 1431 los Jerónimos de la Observancia tomaron posesión del monasterio, que pasó a ser la casa central de la nueva orden.

Los dos grupos de jerónimos se mantuvieron separados durante más de 130 años. Muy poco crecieron los Jerónimos de la Observancia durante ese tiempo. Cuando por fin fueron incorporados en la antigua Orden de San Jerónimo, contaban con siete casas solamente. De ellas sólo el Convento de San Isidoro, el de Santa Ana de Tendilla y el de Nuestra Señora del Valle de Ecija eran de alguna importancia. La orden tenía menos de cien monjes y unos 40 de ellos eran de San Isidoro.

De estos monjes isidoros, 22 fueron condenados por la Inquisición por «luteranos». Algunos fueron quemados vivos, otros que lograron huir fueron quemados en efigie. Entre estos últimos se contaban Casiodoro de Reina y Cipriano de Valera.

La participación de los ermitaños de San Isidoro de Campo en el movimiento «luterano» de Sevilla tenía profundas raíces. J. Ignacio Tellechea Idígoras había publicado una relación de libros decomisados por la Inquisición de Sevilla en septiembre de 1552. La acción iba dirigida a Biblias publicadas fuera de España que pudieran incluir notas o doctrinas protestantes. La lista incluye unas 450 Biblias, 20 ejemplares del Nuevo Testamento, 5 Salmos, 5 Hechos, 5 Profetas, 7 Reyes, a más de un número de concordancias, libros escritos por Erasmo, Juan de Valdés, etc. Junto a cada libro aparece el nombre de su dueño, pero con frecuencia falta su lugar de residencia. A pesar de ello podemos estar seguros de que por lo menos cuatro Biblias completas y ocho libros de porciones de la Biblia fueron confiscados en el monasterio de San Isidoro. Con seguridad, otros de los frailes mencionados en la lista sin que se identifique su convento eran también monjes de San Isidoro.

No cabe duda de que las Biblias habían sido bien utilizadas en el convento. Inspirados por Garci-Arias, aquel prior a quien llamaba Maestro Blanco, por ser albino, los monjes buscaron nuevas formas de expresar su fe. Con frecuencia Garci-Arias se reunía con ellos después de los maitines, entre dos y cuatro de la madrugada, y les enseñaba que recitar los oficios del coro, sus rezos y sus cantos no era lo esencial de la verdadera religión. Al mismo tiempo guiaba a los frailes hacia un profundo aprecio por las Escrituras.

Sin embargo, de pronto hubo un cambio radical. Garci-Arias ordenó a los monjes que se sometieran a frecuentes ayunos, vigilias perpetuas del Santísimo Sacramento, y diversas formas de castigo físico, tales como dormir en el suelo vestidos tan solo con un corselete de cerda y ceñido el cuerpo por cinturón de hierro en carne viva. Al mismo tiempo se privó a los monjes de sus libros. Gonsalvius ve en ello una prueba de la duplicidad de carácter en el prior. Américo Castro lo considera un despertar del mismo espíritu que había llevado a la fundación de la orden un siglo antes. Frente al reto presentado por la orden de San Jerónimo, dice él, no es sorprendente que se perpetuara una tradición de este tipo. Cipriano de Valera, quien por ser monje del convento, conoció a Garci-Arias personalmente, nos dice que sus acciones fueron precipitadas por su intenso temor a la Inquisición, lo cual le llevó a negar la verdad que conocía y a convertirse en su perseguidor.

Pero ya era demasiado tarde. Los frailes habían gustado las nuevas ideas y no querían volver a las viejas normas. Algunos de ellos se relacionaron con el grupo «luterano» que existía en Sevilla bajo la dirección del doctor Constantino Ponce de la Fuente, canónigo magistral de la catedral.

Por aquel entones Juan Pérez de Pineda, rector del Colegio de Doctrina de Sevilla, se había refugiado en Ginebra. De 1557 a 1560 la imprenta de Jean Crespín publicó varias de sus obras. Fue Julián Hernández, su corrector de pruebas, quien concibió un plan para introducir esta literatura protestante en España. En julio de 1567 logró pasar dos barriles llenos de libros prohibidos y con habilidad y destreza los distribuyó en Sevilla. Algunos de los libros fueron a parar al convento de San Isidoro.

Gonsalvius nos cuenta del efecto que causó en el convento el arribo de los libros. En poco tiempo el monasterio sufrió cambios aun más radicales. Todo fue bien hasta que Julián Hernández fue delatado a las autoridades de la Inquisición. A fines de 1557 fue hecho prisionero. Ante el temor de posibles represalias, un grupo de frailes dejó el convento para refugiarse en Ginebra. Cipriano de Valera, quien participó en esos acontecimientos, nos cuenta la historia de la siguiente manera:

> En el año de 1557 acontecieron en Sevilla cosas maravillosas y dignas de perpetua memora. Y es, que en un monasterio de los mas celebres y ricos de Sevilla, llamado S. Isidoro, el negocio de la verdadera religión iba tan adelante, y tan a la descubierta, que no pudiendo ya mas con buena conciencia estar allí, doce frailes, en poco tiempo se salieron, unos por una parte, y otros por otra; los cuales, dentro del año se vieron en Ginebra, a donde, cuando salieron tenían determinado de ir: no hubo ninguno de ellos que no pasase grandes trances y peligros: pero de todos estos peligros los escapó Dios, y con mano potentísima los trajo a Ginebra.

Entre los fugitivos estaba Fray Casiodoro.

Fray Casiodoro

Todos los autores están de acuerdo en que Casiodoro de Reina nació en el sur de España, pero en qué lugar del sur de España, es materia que todavía se discute. Nicolás Antonio, el maestro de la bibliografía española, supone que el nombre de Reina denota el lugar de su nacimiento y declara que era natural de Reina, en Extremadura. Menéndez Pelayo, por su parte, lo identifica como natural de Granada. La mayoría de los autores acepta el testimonio del propio Reina quien, en las dedicatorias de ejemplares de su Biblia a la Universidad de Basilea y a la Biblioteca de Frankfurt, se identifica a sí mismo como hispalense, es decir, sevillano. Sin embargo, las actas del auto de fe celebrado en Sevilla el 26 de abril de 1562, lo identifican como natural de Montemolin. Muy probablemente, tal como lo atestiguan los documentos de la Inquisición, nació en Montemolin, pero su nombre se deriva de la municipalidad de Reina, que está en las cercanías y es mucho mayor. Una vez en el extranjero debe haber asumido el título de hispalense, honrando así a la ciudad en donde por tanto tiempo había vivido.

No se sabe la fecha de su nacimiento. En 1573, en la dedicatoria a Juan Sturm de su libro sobre el Evangelio de San Juan, se identificó a sí mismo como *senectudem... iam dudum ingressus,* es decir, «hace ya largo tiempo entrando en la vejez». Sobre esta base, Edward Boehmer, fijó su nacimiento alrededor de 1520, fecha desde entonces repetida por otros autores y hoy generalmente aceptada.

Poco sabemos de los primeros años de su vida. Por la misma dedicatoria a Sturm, se sabe que desde muy joven se dedicó al estudio de las Escrituras. A mediados de siglo lo encontramos en el Convento de San Isidoro, en el centro de la vorágine que estremeció a Sevilla.

Cuando el Maestro Blanco sucumbió a las grandes presiones que sobre él ejercía la Inquisición, Fray Casiodoro asumió la dirección del movimiento de reforma dentro del convento, y poco faltó para que convirtiera a todos los monjes. Su influencia se extendió no sólo dentro del convento, sino que alcanzó a los «luteranos» de Sevilla, hasta verse obligado a abandonar la ciudad al arresto de Julián Hernández.

El registro oficial de los habitantes de Ginebra contiene los nombres de algunos de los monjes que huyeron de San Isidoro, con fecha del 14 de octubre de 1557. Un segundo grupo de frailes del mismo convento fue recibido el 10 de octubre de 1558. El nombre de Cipriano de Valera aparece en el segundo grupo, pero el de Casiodoro de Reina no está en ninguna de las dos listas. De hecho, su nombre no aparece en el registro. Sin embargo, es necesario hacer notar que en este caso la palabra «habitante» no se refiere únicamente a alguien que vive en la ciudad. Esta es la categoría inmediatamente anterior a la de «burgués» e inscribirse como tal constituía el primer paso en esa dirección. No todos los extranjeros que vivían en Ginebra se inscribían como «habitantes», sino sólo los que aspiraban a la «burguesía». Los que estaban allí como residentes temporales no se inscribían. Tal debió ser el caso de Fray Casiodoro.

Reina fue uno de los primeros que abandonaron el convento. En Ginebra se incorporó a la iglesia italiana que pastoreaba Nicolás Balboni. La colonia de exiliados españoles que residía en Ginebra veía en Casiodoro su guía y líder espiritual. Tal posición de dirigente fue posible debido a la ausencia de Juan Pérez, quien estaba en Frankfurt. Pero esto no duró por mucho tiempo, ya que desde el momento en que llegó a Ginebra Casiodoro se opuso a las corrientes radicales de la época, censurando a la justicia ginebrina por haber condenado a Miguel Serveto al martirio en la hoguera. Reina favorecía tendencias conciliatorias que no eran muy populares en el siglo dieciséis. Por fin, en 1558 declaró que Ginebra se había convertido en una nueva Roma y se trasladó a Frankfurt, donde se incorporó a la Iglesia Francesa.

Cuando Isabel de Inglaterra ascendió al trono, Casiodoro de Reina se unió a los emigrados ingleses que regresaban a su patria. Reina se encaminó hacia Londres seguido de tres de los fugitivos de San Isidoro: Francisco Farías, el prior, Juan de Molina, el vicario, y Cipriano de Valera.

En Inglaterra

A su arribo a Inglaterra, Reina se unió a los muchos españoles que habían quedado allá desde los tiempos de Catalina de Aragón, primera esposa de Enrique VIII. Muchos de ellos abrazaron el protestantismo. Durante el reinado de Eduardo VI, y principalmente en tiempos de Isabel, llegaron otros en busca de refugio. En 1559 estos emigrados se organizaron en una congregación española, con Casiodoro de Reina como su pastor. El 4 de enero de 1559-60, Reina escribió una confesión de fe para la congregación española, y el 11 de marzo del mismo año la presentó ante el consistorio de la Iglesia Francesa, con el cual estaba afiliada su congregación. Casiodoro también dirigió una petición al Obispo de Londres, Edmund Grindal, rogándole que se le permitiese a la congregación española el uso de un templo.

El embajador español, Álvaro de Cuadra, escribió al rey Felipe II en 1562 informándole que Grindal le había permitido a la congregación española reunirse en una casa de su propiedad. Según Cuadra, los españoles se reunían tres veces por semana. Casiodoro se había ganado el favor de la Reina, y ésta le dio una suma considerable de dinero para que asistiera al coloquio de Poissy. Mientras asistía a la conferencia, Casiodoro enfermó y el embajador de Inglaterra en Francia, Throgmorton, le brindó ayuda económica. Poco después el embajador español volvió a escribir a su soberano sobre el asunto y le informó que los refugiados habían recibido permiso para celebrar sus servicios religiosos en la iglesia de Saint Mary Axe.

El 26 de junio de 1563 Cuadra escribió de nuevo al rey: «Aquí ha venido pocos días ha de Ginebra uno que se dice Don Francisco Zapata, que se dice... ser andaluz... entiendo que viene para residir aquí y reconocer con el dicho Casiodoro y otros, una Biblia que traslada en romance castellano... ».

Por este tiempo Casiodoro de Reina llevaba ya un buen tiempo trabajando en la traducción de la Biblia. En la «Amonestación del Intérprete de los Sacros Libros», que incluyó en su edición de la Biblia, Reina afirma haber trabajado en la traducción doce años enteros. La Biblia de Reina fue publicada en 1569, así que el trabajo de traducción debe haber comenzado inmediatamente después de su salida de Sevilla. Sin embargo, la misma carta de Don Álvaro revela que otros españoles exiliados compartían con Casiodoro su interés en la publicación de la Biblia en español.

En la Nochebuena del mismo año en que Zapata llegó a Inglaterra, Antonio del Corro, uno de los fugitivos de San Isidoro, contestó una carta de Casiodoro en que éste le preguntaba sobre las posibilidades de imprimir la Biblia en el continente. Corro le sugería que en vista de la dificultad de conseguir en Francia un buen corrector de imprenta que ayudase en la revisión de las pruebas, Reina debía traer consigo a Cipriano de Valera, para que hiciese ese trabajo. Además, Corro le informó que ya había hecho contacto con un impresor que había prometido imprimir 1,200 ejemplares, con versículos separados, a razón de cuatro reales y medio cada uno, y seis reales si él tenía que proveer el papel. No sería difícil para ellos suministrar el papel, ya que había varias fábricas de papel en las cercanías. En cuanto a dónde proceder a la impresión, la

Reina de Navarra había ofrecido el uso de uno de sus castillos para que en él se montase la imprenta.

El 25 de marzo de 1564, Corro le escribió de nuevo a Reina con respecto a la proyectada edición de la Biblia en español. La última carta de Reina la había recibido en septiembre de 1563. De hecho ésa había sido la única carta de Reina en cuatro años. Mientras tanto, durante los últimos ocho meses, Corro le había escrito 21 cartas. Antonio del Corro estaba ansioso por poner manos a la obra en la edición de la Biblia. Ofreció a Reina que él iría a Inglaterra para trabajar allí juntos, aunque le parecía que había mejores y mayores oportunidades en Bergerac, donde Corro tenía su pastorado. Por último, decía Corro en su carta, si Reina viniese a Francia podrían comparar el trabajo que cada uno había hecho, y trabajarían juntos en la versión.

Reina no recibió las cartas. Había huido de Inglaterra antes de que Corro escribiese la primera. El rey de España había tomado muy en cuenta la información que le suministró su embajador, don Álvaro de Cuadra, sobre los trabajos de traducción de Reina y Zapata. En una carta del 15 de agosto, Felipe II ordenó a Cuadra que tratase por todos medios posibles de sacar de Inglaterra a los dos hombres y que los llevase a territorio español, donde pudieran ser hechos prisioneros. Cuadra murió a fines de agosto, así que no pudo cumplir las órdenes del monarca. El 5 de octubre de 1563 su secretario, Diego Pérez, escribió un informe al rey haciéndole saber los últimos acontecimientos con respecto al asunto: «A Casiodoro, morisco granadino, que ha sido fraile y predicaba a los pocos españoles herejes que en Londres residen, quitó la reina la iglesia que le había dado y los sesenta libras de pensión, el cual hacía poco que se había casado».

Continuaron aún después las presiones de los embajadores. El 26 de abril de 1565, Guzmán de Silva, el nuevo embajador, comunicó a su soberano que la congregación española estaba a punto de desaparecer. A Gaspar Zapata lo convencieron que regresase a Flandes con la promesa de indulto por parte de la Inquisición.

Sin embargo, mucho más que la presión de los representantes del trono español, fue la constante lucha con los líderes del consistorio francés en Londres lo que obligó a Casiodoro a abandonar la ciudad en la que había buscado refugio cinco años antes. Se le acusó formalmente en el consistorio de compartir las ideas de Miguel Serveto, así como de sodomita. Temeroso de que no sería objeto de un juicio imparcial, prefirió huir y buscar refugio en Amberes. Poco después su esposa, vestida de marinero, cruzó el canal en secreto y se unió a él. Felipe II puso precio a la cabeza de Casiodoro, pero a pesar de ello no le pudo hacer prisionero. Boehmer opina que Marcos Pérez, líder del Consistorio calvinista de Amberes, fue su protector.

Entre las pruebas que los acusadores de Reina presentaron al consistorio francés en Londres, figuraban algunas de sus notas a los libros de Isaías y Ezequiel. El consistorio quiso condenar y destruir la Biblia de Casiodoro, pero gracias a la intervención del Obispo de Londres, Edmund Grindal, el manuscrito se salvó.

De regreso en el continente

Poco tiempo permaneció Reina en Amberes. Pronto se fue a Orleáns para encontrarse con su amigo Antonio del Corro, quien lo llevó a Bergerac, donde era pastor. Mas no pudieron hallar tranquilidad y reposo en aquel lugar. En 1564 el Rey de Francia ordenó que todos los ministros protestantes extranjeros abandonaran el país. Reina y Corro fueron a buscar refugio en Montargis, residencia de Renée de Francia, duquesa de Ferrara. Allí se encontraron con Juan Pérez de Pineda, quien había dejado su cargo pastoral en Blois por la misma razón. En Montargis, Pérez y Corro entraron al servicio de la duquesa como capellanes. Reina se quedó allí hasta principios de 1565, fecha en que regresó a Frankfurt. Durante aquellos meses en Montargis, los tres amigos debieron haber pasado largas horas discutiendo planes para publicar la Biblia en castellano. Ya Corro y Reina habían pensado publicarla en Bergerac. Pérez, por su parte, quien ya había publicado el Nuevo Testamento y los Salmos, por este tiempo soñaba con poder editar la Biblia completa.

Poco después de llegar a Frankfurt, Reina recibió invitación a servir como pastor de la congregación francesa en Estrasburgo. No pudo, sin embargo, ocupar ese cargo pastoral debido a que sus ideas con respecto a la Cena del Señor fueron juzgadas peligrosamente luteranas, a juicio del líder calvinista Teodoro Beza. Sin embargo, sus visitas a Estrasburgo sirvieron para establecer firmes lazos de amistad con el rector Juan Sturm y el reverendo Conrado Hubert, amistades que le serían valiosísimas años más tarde.

Figura 14. Casiodoro de Reina. Foto © el *Historisches Museum Frankfurt / Main*, foto tomada por Ursula Seitz-Gray.

Pobre, padre de una familia numerosa, Reina se estableció en Frankfurt como negociante en telas. Al mismo tiempo se dedicaba a la tarea de preparar la Biblia para la imprenta. Su trabajo se concentraba en el Antiguo Testamento, ya que para el Nuevo Testamento esperaba usar el de Juan Pérez de Pineda, que por ese tiempo se editaba en París.

Tan pronto terminó la traducción del Antiguo Testamento, Reina fue a Basilea, donde había hecho los arreglos necesarios con el famoso impresor Oporino. El convenio era que Oporino imprimiría 1,100 ejemplares de los cuales tomaría a su cuenta 200 y daría a Reina los 900 restantes, por un costo no mayor de 5000 escudos.

Pero la impresión en Basilea presentaba nuevos problemas. Los inspectores Sulzer y Coctio se negaban a dar la autorización necesaria, pues ni conocían al autor ni entendían el castellano. El 28 de octubre de 1567 Casiodoro escribió a su amigo, el reverendo Conrado Hubert, de Estrasburgo, solicitando que le consiguiese una carta de recomendación del doctor Juan Sturm. Tras aguardar respuesta por algún tiempo, Reina decidió ir en persona a Estrasburgo para ver si podía obtener resultados más rápidamente. Durante el viaje se enfermó y tuvo que pasar cinco semanas en cama. Cuando se recobró, recibió la noticia de que Oporino había muerto cargado de deudas, entre las cuales estaban los 500 florines que Reina le había adelantado sobre la impresión. El dinero que Reina había adelantado provenía de un legado que Juan Pérez de Pineda había dejado a su muerte, con el encargo de que se usase en la publicación de la Biblia en castellano.

Juan Pérez había muerto en París, en la mañana del domingo 20 de octubre de 1566, en brazos de su amigo Antonio del Corro. Poco antes de morir, Pérez expresó a Corro cuál era su deseo con respecto a la distribución de sus bienes. La duquesa de Ferrara debía ser su heredera universal, quedando expresamente encargada de la impresión del Nuevo Testamento. Para este fin debía utilizar el dinero que se obtuvieran de la venta de sus muebles y libros, así como lo que restase de su sueldo del año, después de pagar los gastos de médico y de su estancia en París.

No era este todo el dinero con que contaba Pérez al momento de su muerte. A lo largo de sus años de exilio había acumulado un fondo que esperaba usar en la publicación de literatura protestante en español. Este dinero, producto de largos años de esfuerzos y resultado de donativos de distintas personas, ascendía a unas mil coronas. El dinero estaba depositado en casa de un hombre de negocios de Frankfurt: Agustin Legrand. Éste era el dinero que Reina había usado para pagar a Oporino. Ahora, muerto el impresor, agotados los recursos, los planes de varios años estaban a punto de venirse abajo para siempre. Por fortuna para Reina, sus amigos de Frankfurt vinieron en su auxilio y le suministraron los fondos necesarios para terminar la impresión.

Quedaba aún el problema del Nuevo Testamento. Como ya hemos dicho, Reina pensaba utilizar el Nuevo Testamento de Pérez que por esos días se imprimía en París. Pero el 6 de abril de 1568, Felipe II escribió a su embajador en Francia, don Francisco de Avala, ordenándole confiscar el original de la Biblia castellana y quemar lo que ya estaba impreso. Casi todos los ejemplares fueron confiscados y la edición destruida. Reina tuvo que preparar, a la carrera, su propia versión del Nuevo Testamento. Las páginas iban directamente de las manos del traductor a las del impresor. En mayo de 1569, cuando apenas había terminado la Primera Epístola a los Corintios, ya el impresor lo había alcanzado. Reina apresuró el paso y el 14 de junio el impresor recibía la última página del texto bíblico. Tres meses después, en septiembre de 1569, terminaron la impresión de la Biblia.

Casiodoro confiesa, en el prefacio de esta Biblia, que utilizó la Biblia de Ferrara en la preparación de esta versión. Todavía está por estudiarse cuidadosamente el uso que Reina hizo de esta versión, pero no cabe duda de que fue una fuente de suma importancia, como puede verse en la siguiente comparación de los primeros ocho versículos de Génesis.

Biblia de Ferrara	Biblia de Reina
En principio, crio el dio alos cielos y ala tierra.	1 En el principio crio Dios los cielos, y la tierra.
Y la tierra era vana y vazia; y oscuridad sobre faces de abysmo: y espiritu del dio se mouia s obre faces de las aguas.	2 Y la tierra estaua desadornada y vzia, y las tinieblas estauan sobre la luz del abismo, y el espiritu de Dios se mouia sobre la luz de las aguas.
y dixo el dio sea luz: y fue luz. Y vido el dio ala luz q buena, y aparto el dio entre la luz y entre la oscuridad.	3. Y dixo Dios que la luz era buena: y aparto Dios a la luz de la de las tinieblas.
	3 Y dixo Dios, Sea la luz y fue la luz

Figura 15. *La Biblia del Oso* de Casiodoro de Reina, 1569. *Scheide Document* No. 10.2.7. Foto © *Scheide Library at Princeton University Library.*

Y llamo el dio ala luz dia: y
ala oscuridad llamo noche:
y fue tarde y fue manan dia uno.
Y dixo el dio que sea
espandidura
en medio de las aguas:
y sea apartante entre
aguas y aguas.
Y hizo el dio ala espandidura:
y aparto entre las aguas q
debaxo a la espadidura y entre
las aguas q de arriba ala
espandidura y fue assi.
Y llamo el dia a la espanddura
cielos: y fue tarde y fue
mañana dia segundo.

4 Y vido Dios que la luz era
buena y aparto Dios a la
luz de las tinieblas.
5 Y llamo Dios a la luz Dia, y
a las tiniblas llamo Noche:
y fue tarde y la manana Vn dia.
6 Y dixo Dios, Sea un
estendimiento
en medio de las aguas:y haga
apartamiento entre aguas y
aguas.
7 Y hizo Dios un estendimiento,
y aparto las aguas que estan
debaxo del entendimiento, de
las aguas que estan sobre el
entendimiento: y fue asi.
8 Y llamo Dios al entendimiento
Cielos: y fue la tarde y la
Manan el dia Segundo.

Así como la Biblia de Casiodoro de Reina tiene su prehistoria, hay
también una historia posterior de dicha versión. En 1596 Cipriano de
Valera publicó el Nuevo Testamento de Reina en Londres, en la imprenta
de Richard Field, el primer impresor de las obras de Shakespeare. Pocos
años más tarde, en 1602, en Ámsterdam, publicó la Biblia entera. El título
de esta Biblia es exactamente igual al la de Reina: *La Biblia, Que es, los
Sacros Libros del Viejo y Nuevo Testamento*. A continuación dice «Segunda
Edición: Revista y conferida con los textos Hebreos y Griegos y con
diversas translaciones. Por Cipriano de Valera». No era la intención de
Cipriano de Valera cometer un plagio, como falsamente lo acusa Plaine.
En la «Exhortación» que antepuso a su Biblia, Valera hace referencia a
Casiodoro de Reina como traductor, y habla de presentar su obra como
una revisión. Ciertamente las palabras «Por Cipriano de Valera» se
refieren a la revisión y no a la traducción original. De hecho el nombre
de Casiodoro no aparece en la portada de su Biblia, sino únicamente
las iniciales C.R., al final del prefacio latino. Asimismo incluyó Valera

la «Amonestación de Casiodoro después de su propia Exhortación». Sin embargo, mientras que la Biblia de Reina había aparecido en forma anónima, Cipriano de Valera la tituló «Amonestación de Casiodoro de Reyna al lector».

Esta relación entre las dos Biblias era bien entendida por los primeros escritores sobre el asunto. Christiani Kortholti identificó la Biblia de Valera como una nueva edición de la de Casiodoro. Ricardo Simón emitió un juicio similar, identificando la versión de Valera como una revisión de la de Reina hecha bajo la influencia de las Biblias de Ginebra.

Pronto surgió la confusión. En 1637 Giovanni Diodatti, en carta dirigida a los Pastores y Ancianos de las Iglesias Reformadas de Francia, se refiere a «la nueva versión española de Cipriano de Valera», sin hacer mención alguna a Casiodoro de Reina. Casi cincuenta años más tarde, en una carta fechada el primero de mayo de 1684, Ricardo Simón cuenta de una discusión que tuvo con respecto a la paternidad literaria de la versión. Según él, M. Clement afirmaba que la Biblia de 1569 era obra de los judíos de Granada. Ricardo Simón le demostró, sobre la base de las letras C. R. al final del prefacio en latín, que era obra de Casiodoro de Reina.

Generalmente se pasó por alto la obra de Reina. En 1861, dos siglos y medio después de la revisión de Valera, la Sociedad Bíblica Británica y Extranjera la publicó de nuevo. El título de esta edición fue tomado directamente de la portada de la Biblia de 1602, y por lo tanto el nombre de Casiodoro de Reina no aparecía en ella. Como, por otra parte, esta edición de la Biblia carecía del prefacio de la 1602, se perdió de vista la relación entre las dos primeras ediciones de la Biblia. Así fue como, aunque entre los estudiosos se conocía esta obra como la Biblia de Casiodoro de Reina, su nombre popular vino a ser «La Antigua Versión de Cipriano de Valera». Tan sólo en el siglo veinte se le otorgó a Reina el lugar que le corresponde, como traductor, en la portada de la Biblia.

Además de la revisión de Valera, hecha en 1602, la Biblia de Casiodoro de Reina ha sido objeto de sucesivas revisiones, la última en 1995, todas ellas con la intención de poner las Sagradas Escrituras al alcance del pueblo en la lengua contemporánea.

No debemos terminar este capítulo sin hacer mención del canon de la Biblia del Oso. Reina siguió la norma de la Vulgata de su tiempo e incluye: Génesis a Crónicas, la Oración de Manases, Esdras y Nehemías,

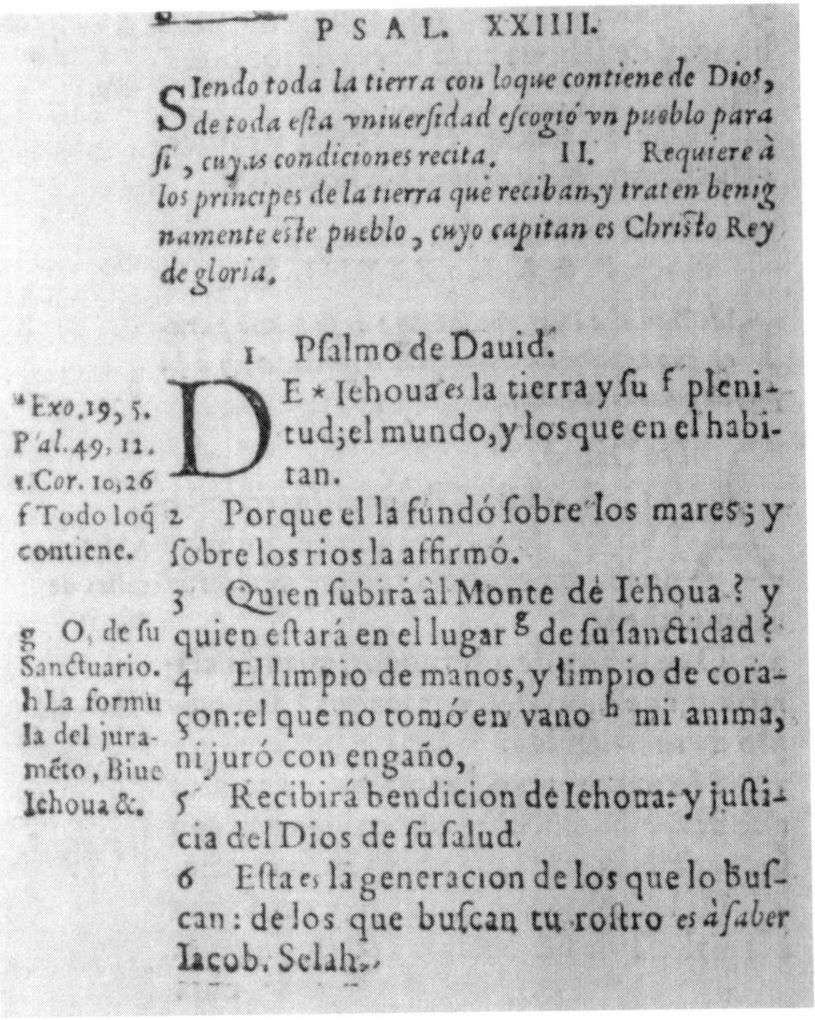

P S A L. XXIIII.

SIendo toda la tierra con loque contiene de Dios, de toda efta vniuerfidad efcogió vn pueblo para fi, cuyas condiciones recita. II. Requiere à los principes de la tierra que reciban, y trat en benig namente efte pueblo, cuyo capitan es Chrifto Rey de gloria.

*Exo.19,5.
Pfal.49,11.
1.Cor.10,26
f Todo loq contiene.

1 Pfalmo de Dauid.

DE * Iehoua es la tierra y fu f pleni-tud; el mundo, y los que en el habi-tan.

2 Porque el la fundó fobre los mares; y fobre los rios la affirmó.

3 Quien fubirá al Monte de Iehoua? y quien eftará en el lugar g de fu fanctidad?

g O, de fu Sanctuario.
h La formu la del jura-meto, Biue Iehoua &c.

4 El limpio de manos, y limpio de cora-con: el que no tomó en vano h mi anima, ni juró con engaño,

5 Recibirá bendicion de Iehoua: y jufti-cia del Dios de fu falud.

6 Efta es la generacion de los que lo buf-can: de los que bufcan tu roftro es à faber Iacob. Selah.

Figura 16. Esta porción del Salmo 24 es de la *Biblia del Oso* de Casiodoro de Reina, 1569. La introducción al salmo y las notas en el margen facilitaban la comprensión del texto y el estudio bíblico, pero despertaban la sospecha por parte de las autoridades de interpretaciones heréticas. *Scheide Document* No. 10.2.7. Foto © *Scheide Library at Princeton University Library.*

III y IV de Esdras, Tobías, Judit, Ester a Cantares, Sabiduría de Salomón, Eclesiástico, Isaías a Lamentaciones, Baruc, Ezequiel a Malaquías, I y II Macabeos y el Nuevo Testamento. Cipriano de Valera separó los libros apócrifos, así como las adiciones a Ester y Daniel, que Reina había incluido en esos libros, imprimiéndolos por separado, entre el Antiguo y el Nuevo Testamento. Sólo en ediciones posteriores los libros apócrifos dejaron de publicarse.

Los últimos años

Los últimos años de la vida de Casiodoro de Reina no son menos interesantes que los transcurridos antes de la publicación de su versión de la Biblia. Aquí podemos apenas señalar los hechos más importantes.

Terminada la impresión de la Biblia, Casiodoro regresó a Estrasburgo a principios de 1570. Allí estableció íntima amistad con el reverendo Matías Ritter, y junto con su antiguo amigo Conrado Hubert planearon una edición completa de las obras de Martín Bucero para la que el rector Juan Sturm escribiría el prefacio. No pudieron llevarse a cabo estos planes, sin embargo, y en el verano del mismo año Casiodoro se trasladó de nuevo a Frankfurt.

Tan pronto como llegó a Frankfurt solicitó y obtuvo el derecho de residencia, y poco después la ciudadanía. Trece años hacía que el pobre desterrado había salido de su tierra natal, pero una ciudad alemana le abrió los brazos y le recibió como hijo. Agradecido, Reina consideró esta ciudadanía como uno de sus más grandes honores y se refería a ella constantemente en cartas y escritos. En Frankfurt se estableció de nuevo como comerciante en telas. Pero Casiodoro soñaba con la oportunidad de poder dedicarse por completo al ministerio. Fue así como, al establecerse el 22 de junio de 1578 la paz de Amberes, que trajo la libertad religiosa a los evangélicos de la ciudad, y se le ofreció la posición de pastor de la Iglesia Luterana Francesa de Amberes. Casiodoro aceptó ese cargo.

Sin embargo, antes de pasar a ocupar el púlpito de esta congregación, Reina decidió hacerle frente a las antiguas acusaciones que se le habían hecho en Inglaterra, y se fue a Londres. Allí compareció ante una Comisión Real Judicial, presidida por el arzobispo de Canterbury, Edmund Grindal. La comisión se reunió por primera vez el jueves 18 de diciembre de 1578, a las dos de la tarde, en Lambeth, residencia del Arzobispo. El juicio duró varias semanas. Los líderes de la Iglesia Francesa Calvinista de Londres trataron de hacer prevalecer las acusaciones de herejía y sodomía. Su amigo Cipriano de Valera, miembro de la Iglesia Francesa, trató de comparecer como testigo de carácter, pero le fue prohibido. A petición del Arzobispo Grindal, Reina redactó una nueva confesión de fe, aclarando su posición teológica. Por fin la comisión exoneró a Reina de todos los cargos, pero ni aun así la Iglesia Francesa accedió a darle su aprobación.

Reina regresó a Amberes por vía de Frankfurt y Colonia. Solo, de mala gana, llegó por fin a la ciudad donde le esperaba un cargo pastoral. Sospechaba, con muy buena razón, que le esperaban también mayores problemas, y así se lo hizo saber por carta su amigo Matías Ritter. En efecto, el 11 de julio de 1579 los calvinistas de Amberes escribieron a Londres solicitando documentos para oponerse a que se le diese el púlpito a Casiodoro. Lo consideraban peligroso por razón de sus doctrinas. De Londres obtuvieron copia de la confesión de fe que había redactado para Grindal, y la publicaron en Amberes en tres idiomas: el latín original, el holandés y el francés. Las secciones sobre la Santa Cena resultaron demasiado calvinistas en opinión de los luteranos. Sólo se calmaron cuando Reina afirmó que sus palabras debían entenderse en el espíritu de la Concordia de Wittenburg de 1536. Por fin, en diciembre de 1579, asumió el púlpito de la Iglesia de los Martinistas, es decir, la congregación francesa luterana que se reunía en el Claustro de los Carmelitas. El verano siguiente mandó a buscar a su esposa y a su numerosa prole, a quienes había dejado en Frankfurt al cuidado de Ritter. Cuidó, sin embargo, de conservar la ciudadanía de Frankfurt.

A pesar de que no cesaron las presiones y problemas, Reina se ganó el corazón de la congregación puesta a su cuidado. Allí sirvió de manera eficaz hasta que en 1585 el Duque de Parma puso sitio a la ciudad en nombre del Rey de España. Reina se acogió a sus derechos de ciudadano de Frankfurt y, junto con varias familias de su congregación, buscó refugio en aquella ciudad. En mayo de 1585, después de un sermón de Reina, los desterrados fundaron una institución de socorro público para ayudar a los pobres. El 22 de septiembre del mismo año diez representantes de la Comunidad Luterana Holandesa de Frankfurt escribieron al magistrado pidiendo que se les permitiese tener servicios en francés, al decir: «Vive aquí el digno y erudito Casiodoro de Reina, quien ha atendido la Iglesia de Amberes en pureza de doctrina y con celo cristiano, y quien está de acuerdo con los predicadores de este lugar en todo lo que concierne a artículos de doctrina: si se le llamase a ocupar este ministerio confiamos que él puede asumir esta obra cristiana». A pesar de renovadas peticiones al magistrado de la ciudad, éste no accedió a los ruegos.

Desde hacía varios años existía en Frankfurt una Iglesia Francesa Calvinista. Cuando el pastor de esta congregación murió en 1592, el magistrado de la ciudad le nombró un pastor luterano francés, Antonio Serray. Los belgas que habían buscado refugio en Frankfurt junto con Reina se acogieron agradecidos a esta oportunidad de escuchar sermones luteranos en su propia lengua, y continuaron considerando a Casiodoro como su guía espiritual. Casiodoro, mientras tanto, sostenía a su familia con su negocio de telas.

Por fin, a solicitud de numerosos ciudadanos, el colegio de ministros de Frankfurt pidió al magistrado de la ciudad que nombrase a Casiodoro como pastor asociado junto con Antonio Serray. El 8 de mayo de 1593 Casiodoro de Reina sometió a los pastores una nueva confesión de fe como prueba de su ortodoxia luterana. En ella se declaraba de acuerdo con las Confesiones de Fe de los Apóstoles, de Nicea, de Atanasio, de la Dieta de Augsburgo, de la Concordia de Wittenberg, de los Artículos de Esmalcalda y del Catecismo de Martín Lutero. Por otra parte condenaba las posiciones de los papistas, zwinglianos, calvinistas y todos los que se le pareciesen, y abjuraba de toda manifestación de carácter calvinista que hubiese aparecido en sus confesiones anteriores.

Sobre esta base, Reina fue por fin admitido como ministro luterano de la congregación belga el 20 de julio. Apenas pudo servir como pastor unos ocho meses. El 15 de marzo de 1594 descansó de sus afanes.

La Biblia en «tiempos recios» y el siglo de las luces

Capítulo 9

E l siglo diecisiete se caracterizó por la represión del acceso a la Biblia en los territorios españoles. Esos días eran tan difíciles para los religiosos y los letrados, que ellos mismos los caracterizaron como «tiempos recios». Después de una apertura en las primeras décadas en el siglo dieciséis, la Iglesia Católica Romana adoptó una política de no permitir el uso de los idiomas vernáculos en la liturgia ni en el estudio bíblico. Ya no se enseñaba el hebreo ni el griego en las universidades españolas. A la gran mayoría de los universitarios no se le permitía estudiar en el extranjero. Una de las pocas excepciones a esta prohibición era Roma, donde los seminaristas se preparaban en el seno de la madre iglesia.

El Concilio de Trento había afirmado la primacía de la lengua latina para la Biblia y la liturgia. Antes el latín había sido visto como un idioma pastoral, que alcanzaba a la mayoría de los cristianos en el occidente. Después de Trento, este idioma se consideró sagrado, y la versión de San Jerónimo como únicamente inspirada por Dios. El concilio no pudo ponerse de acuerdo sobre el uso de los idiomas vernáculos, y por eso no los mencionó en sus pronunciamientos. Al mismo tiempo, los conciliares declararon que el canon incluía los libros deuterocanónicos (la literatura apócrifa sobre la cual San Jerónimo había tenido dudas). En 1564 el Papa Pío IV publicó reglas nuevas que requerían la aprobación de los obispos o los inquisidores para el uso del vernáculo en la Iglesia Católica Romana. Estas acciones aseguraron que toda traducción dentro de la iglesia tenía que basarse en la Vulgata.

La Biblia del Oso apareció en ediciones en 1569, 1586, 1587, 1602, 1603 y 1622. Algunas de estas no eran nuevas impresiones, sino que reflejan la costumbre de guardar las hojas ya impresas para encuadernarlas cuando hubiera los recursos necesarios. En otras instancias sí había nuevos impresores. La edición de 1602 lleva los nombres de impresores distintos de la original, y dice que fue pagada por herederos del «translador» —tal vez los hijos de Reina, Martín y Agustín. En 1622 la Biblia del Oso apareció en dos variantes. Una tenía la página titular conocida, con el oso, pero faltaba el nombre y el lugar del impresor. Se puede notar que la página titular era una copia de la original. La otra variante de 1622 identificaba a los impresores como Daniel y David Aubrij y Clement Schleich, y tenía una página titular nueva, con otro diseño distinto de la original. Una edición políglota del Nuevo Testamento salió en 1599.

La Biblia del Cántaro, revisada por Cipriano de Valera, había salido en 1602 en Ámsterdam. Fue impresa otra vez, en el mismo lugar pero con otro impresor, en 1625. Había comunidades de españoles en Inglaterra y en el norte de Europa, tal vez descendientes de los refugiados del siglo dieciséis. En 1708 una versión del Nuevo Testamento basada en la de Reina y Valera salió en Ámsterdam. Se indica que fue preparada por Sebastián de la Enzina, «Ministro de la Iglesia Anglicana y Predicador a la Ilustre Congregación de los Honorables Señores tratantes en España». Es de un tamaño pequeño, de 6" x 3 1/2" (15 x 8.9 cms.), pero grueso, de 491 páginas. Todas estas Biblias iban destinadas a los españoles que vivían en el extranjero. En España todavía no se permitía la lectura de la Biblia en la lengua del pueblo.

En 1757 el Papa Benedicto XIV dio permiso para traducir la Biblia a lenguas vernáculas si se cumplían cuatro condiciones: 1) obtener una licencia, 2) asegurarse de que la traducción fuera hecha por personas doctas y seguras, 3) incluir notas de autoridades católicas romanas y 4) traducir a partir de la Vulgata Latina. A pesar de este cambio, la lectura de la Biblia en lengua española siguió estando prohibida en España y las Indias. Todavía asustados por la rebelión protestante, los inquisidores temían el mal uso de la Biblia, y prohibían hasta las citas cortas que antes se habían visto en los catecismos y los sermones de escritores católicos romanos.

España empezó una nueva época en el siglo XVIII, cuando el trono pasó la casa real de los Austria a sus parientes franceses, conocidos por

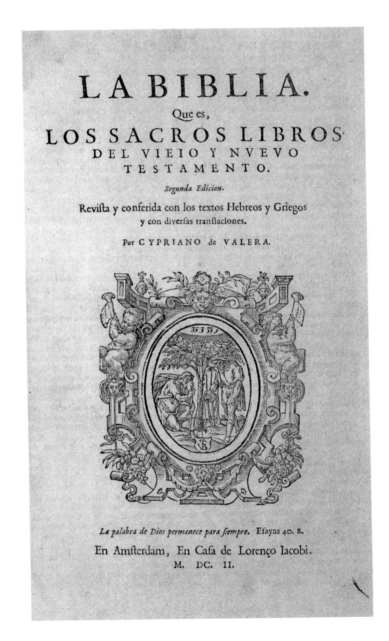

Figura 17. *La Reina-Valera* o «*La Biblia del Cántaro*», llamada así por esta ilustración del hombre regando el árbol. Esta versión, basada en la *Biblia del Oso* de 1569 y revisada por Cipriano de Valera, se publicó en 1602 en Ámsterdam. La Biblia. Que es los sacros libros del *Viejo y Nuevo Testamento*. Foto © *Harry Ransom Humanities Research Center, The University of Texas at Austin.*

el nombre de Borbón. Los Borbones llegaron al trono tras de una guerra entre España y Francia por un lado e Inglaterra por el otro, en la que se buscaba dominar el futuro de Iberia.

A pesar de las guerras continuas, este tiempo llegó a ser conocido por los avances en el pensamiento. Las ciencias, el desarrollo de la industria y los cambios de percepción en cuanto a la organización de la sociedad: todo fue cuestionado y analizado. El espíritu de descubrimiento, de lo físico y del pensamiento, le dio a esta época el nombre la «Ilustración» o el «siglo de las luces».

La vida intelectual de España en esta época se formaba por medio de las universidades, todas dominadas por una iglesia muy conservadora y por el Santo Oficio. La introducción de novedades se veía con sospecha, tanto por los religiosos como por los seglares. El primer Borbón, Felipe V (1683-1746), prohibió la Biblia en la lengua vulgar tanto como los libros de teológica controversia. Todavía se celebraban los autos de fe, con personas condenadas por sus ideas. Ya por el siglo XVIII el auto era una institución empleada por la corona para reprimir todo desafío al orden establecido.

El Índice de 1747 incluía muchos libros franceses. Las amenazas venían del pensamiento nuevo de los jansenistas y los filósofos. Los jansenistas afirmaban la predestinación, negaban el libre albedrío e insistían en la necesidad de la gracia divina para toda obra buena. El jansenista francés mejor conocido era el abad de Saint-Cyran (1581-1643), el campeón de la autonomía de la iglesia francesa («el galicanismo»), y de la sucesión apostólica de los obispos, negando la autoridad única del Papa. Los filósofos desarrollaban el racionalismo como el modo principal de entender el mundo. Algunos como René Descartes (1596-1650) y Blas Pascal (1623-1662) obraban dentro de una fe cristiana, mientras que otros eran abiertamente agnósticos o ateos. La idea de Jean Jacques Rousseau (1712-1778) de un nuevo contrato social que dependía de la aprobación del pueblo para sus líderes, era totalmente inaceptable para los grupos dirigentes. Los inquisidores españoles rechazaban por completo el espíritu crítico y el racionalismo que caracterizaban el siglo de las luces.

Por toda Europa y las Américas, el siglo dieciocho vio cambios fundamentales en la distribución del poder, en el gobierno y en las expectativas para la religión y la sociedad. Con la guerra de independencia de las colonias norteamericanas (1776-1781) y la Revolución Francesa (1789-1799), las personas no aristocráticas anunciaban su deseo de participar en su gobierno. En los campos de las letras y la ciencia, los eruditos y eruditas circulaban sus ideas por medio de cartas y obras publicadas. La preocupación con la religión cambiaba dramáticamente entre muchos de los grupos dirigentes, con más interés en la especulación y menos énfasis en los ritos de las iglesias oficiales. Los pueblos de habla inglesa, en Norteamérica e Inglaterra, gozaban de una serie de movimientos de avivamiento religioso, guiados por grandes predicadores. Estos fenómenos tenían consecuencias en cuanto a la disponibilidad de la Biblia.

La Vulgata Latina traducida al español

España fue gobernada por Carlos III (1716-1788) en la segunda mitad del siglo dieciocho. Este monarca fue conocido por sus reformas e intentos de modernizar el estado español, al mismo tiempo que defendía celosamente el poder real. Católico romano devoto, Carlos también quiso profundizar el conocimiento de la Biblia, a lo menos entre las élites.

La Congregación del Índice en Roma, con la aprobación del Papa, dio permiso para la traducción de la Biblia en lenguas vulgares en 1757, porque no se veía el peligro que antes había en cuanto a la interpretación errónea. Como hemos visto, tales traducciones requerían cuatro condiciones: 1) tener una licencia (para traducir y después para leer las Escrituras), 2) tener traductores doctos y seguros, 3) estar acompañada por notas de las autoridades tradicionales, como San Agustín y 4) basarse en la Vulgata, no en las Biblias en las lenguas originales.

Esta nueva aprobación del Vaticano no fue inmediatamente aceptada en España. Sin embargo, en 1780 el Rey le pidió al padre Felipe Scío de San Miguel (1738-1796) que le hiciera una traducción de la Biblia de la versión latina autorizada. El objetivo, según dice el traductor, era «que sin el menor riesgo se pudiera leer por toda suerte de personas».

La Inquisición española canceló la prohibición en contra de las traducciones en 1783, con tal de que se cumplieran las restricciones nombradas anteriormente. A pesar de la supuesta aprobación, todo proyecto de traducción todavía se veía con sospecha por las autoridades de la iglesia. Los traductores siempre tenían que defenderse de los ataques y los rumores en su contra.

Algunos estudiosos publicaron porciones de la Biblia en español antes de la obra de Scío. Uno de ellos, Anselmo Petite, lamentó la falta de estas obras en España con el resultado de tener «un pueblo mucho menos instruido que el común de los cristianos» (Sánchez Caro 2000, 41). Petite publicó su versión de los Evangelios en 1785 en Valladolid: *Los Santos Evangelios traducidos al Castellano con notas sacadas de los santos Padres y expositores agrados por... Fr. Anselmo Petite, Definidor de la Religión de S. Benito, ExAbad del Real Monasterio de S. Millán de la Cogolla.*

Cuando el rey murió la traducción de Scío quedó incompleta, pero el pedido de la traducción fue renovado en 1788 por su hijo Carlos IV. Scío fue ayudado en su trabajo por otro sacerdote, Benito Feliú de San Pedro, un notable filólogo. Los dos trabajaron para hacer una traducción lo más literal posible que también comunicara el sentido de manera clara. Las notas al pie de página daban posibles variantes de traducción, con alusiones al texto hebreo o griego. Estas notas intentaban evitar el «riesgo» de una mala interpretación, a la cual Scío hacía referencia en su advertencia. Hay índices de nombres y lugares, esquemas de cronología y otras ayudas para el lector. El texto fue impreso en dos columnas, con el latín y el castellano paralelos en cada página. Este arreglo era útil para los eruditos, pues podían comparar los dos textos mientras leían.

El título de esta nueva versión fue *La Biblia Vulgata* latina traducida en español: y anotada conforme al sentido de los santos padres, y expositores católicos. Los primeros volúmenes salieron de la prensa en Valencia en 1791, el Tomo I del Antiguo Testamento con Génesis, Éxodo y Levítico, y los Tomos I y II del Nuevo Testamento. Los últimos volúmenes de esta versión salieron en 1793. La obra completa constaba de 10 tomos, tamaño grande 11 1/2" x 8" ó 29 x 20 cm.

La crítica a la publicación de una Biblia en lengua española empezó antes de que apareciera la publicación. La Biblia de Scío era una obra netamente ortodoxa desde su fuente (la Vulgata autorizada por Roma) hasta su «orientación al lector». Los capítulos se introducían con un resumen del contenido, y había muchas notas que explicaban la interpretación católica romana del texto. A pesar de esto, el padre Scío se sintió obligado a responder a sus críticos. En una larga «Advertencia», escrita para la segunda edición de 1794-1797, Scío explicó la posición histórica de la Iglesia Católica Romana en contra de las Biblias en «lenguas vulgares». También expresó el temor de los nobles a los cambios de su época, al «sangriento y monstruoso desorden» que desafiaba «las legítimas potestades, así reales como eclesiásticas».

Los censores de la Inquisición cuestionaron la traducción. Fueron silenciados sólo con un decreto de sus propios oficiales: las versiones serían toleradas «mientras estuvieran con notas históricas y dogmáticas». Es decir, la traducción debía incluir notas con la interpretación oficial de la Iglesia Católica Romana.

La distribución de la Biblia de Scío fue limitada por su gran costo (los diez tomos costaban más que las ganancias de un obrero por un año entero), y por el requisito de obtener una licencia particular de las autoridades religiosas para poder comprarla. A pesar del alto precio y de la restricción de licencias para lectores, la primera tirada de la Biblia se agotó dentro de un año.

Scío murió en 1796. Una segunda edición de su traducción fue preparada por un equipo de sacerdotes. Esta vez el lenguaje se adhería más a la Vulgata, en algunos casos a costo de falta de claridad. Fue publicada de nuevo en 1797, en un tamaño menos grande de 11 1/2 x 9 1/2" ó 29 x 24 cm., en 19 tomos. Una tirada se hizo en latín y castellano, como la original, mientras otra contenía solo el español. También se hizo una colección de 336 láminas, por doce artistas, que se podía comprar aparte para insertar en el texto.

La Biblia del padre Scío resultó ser muy popular. Otra edición apareció en Madrid entre 1807-1816, en 15 tomos, seguida por muchas más ediciones. Hubo por lo menos 80 ediciones autorizadas de la Biblia de Scío en España, y muchas más en imprentas fuera del país.

La versión del padre Scío fue la primera Biblia completa publicada en el territorio español. Cuando se planificó, existía un optimismo en cuanto al futuro de España. Los hombres ricos se interesaban en el pensamiento de sus contemporáneos en otros países. La Inquisición estuvo a punto de desaparecer en las últimas décadas del siglo XVIII. No se veía la necesidad del control del pensamiento que el Santo Oficio había buscado por tres siglos.

Sin embargo, en 1789 la Revolución Francesa sacudió a toda Europa. El desenlace del Terror y el asesinato de los reyes franceses, junto con muchos nobles y personas del alto estado, presentaron un desafío al orden establecido. Los reyes de España eran primos de los franceses, y no dejaron de reaccionar. Toda clase de idea nueva se temía, y las autoridades intentaron prohibir toda comunicación entre Francia y los territorios españoles.

Mientras tanto, otro sacerdote se había dedicado a la traducción de la Biblia de la Vulgata al castellano. El jesuita José Miguel Petisco (1724-1800) tuvo que salir de España en 1773, cuando la Sociedad de Jesús fue expulsada de todo el imperio español. Se estableció en Bolonia, Italia, sitio del antiguo colegio católico romano español, hasta que pudo regresar a su tierra natal en 1798. Cuando el padre Petisco falleció en 1800, dejó su manuscrito inédito.

Los Evangelios, traducidos por el ex - abad Anselmo Petite, y publicados en 1785, tuvieron éxito durante los años siguientes. Se repitió la publicación en 1804, esta vez en Madrid. El tamaño era 6" x 4" ó 15.2 x 10.2 cm., para que cupiera en el bolsillo. Se indicaba que se trataba de la séptima impresión, pero no se conoce más que un ejemplar existente. Ese mismo año una versión de las Epístolas apareció, también en Madrid, por Francisco Ximénez. Estas publicaciones de la primera década del siglo XIX ocurrieron durante la guerra con Napoleón, cuando las autoridades del estado y de la iglesia mantenían menos control. La escasez actual de estas versiones testifica su popularidad y tal vez de la vuelta a un ambiente más represivo durante este tiempo tan conflictivo.

La obra de Scío y sus seguidores había sido criticada tanto por su estilo como por su ortodoxia. Sus traducciones seguían demasiado el texto de la Vulgata, casi palabra por palabra. Esto resultaba en un estilo difícil de entender y sin mucha elegancia literaria. Se necesitaba otra versión, menos literal y más comprensible. Esa necesidad se llenó con la publicación de una versión que llevaba el nombre de Monseñor Félix Torres Amat (1772-1847), el vicario general de Barcelona y Obispo de Astorga. El obispo Torres Amat inició la publicación con el Nuevo Testamento en 1823, y el Antiguo Testamento siguió en 1824 y 1825, para un total de nueve tomos de 12" x 9 1/2" ó 30.5 x 24 cm. Otras ediciones aparecieron en 1832 y 1835. Los costos fueron pagados por suscripción, un método común por el cual los interesados pagaban por su ejemplar antes de que fuese impreso. La versión con el nombre de Torres Amat resultó aun más popular que la de Scío, porque tenía mejor estilo literario. Sin embargo, Torres Amat fue acusado de plagio de la obra del padre Petisco. Nunca se resolvió este dilema, y hasta hoy no se sabe quién fue el verdadero traductor de esta versión de la Biblia.

En Londres el Nuevo Testamento de Torres Amat-Petisco se publicó en 1825. El padre Torres Amat fue acusado de haber colaborado con los protestantes ingleses. Él negó esta acusación, declarando que había pagado los costos por suscripción.

Las versiones de Scío y de Torres Amat-Petisco llevaron una vida doble en el siglo XIX. Dentro del imperio español, estas Biblias circularon entre las personas de confianza y de altos recursos económicos, y fueron estudiadas en el silencio impuesto por la Inquisición y las autoridades. Sin embargo, estas versiones de la Biblia tuvieron otra vida, que nadie pudiera haber pronosticado. En los países de habla inglesa se despertó un gran fervor por llevar el Evangelio a todas partes del mundo. Este deseo de poner la Biblia en las manos de pueblos poco conocidos por los ingleses requería que hubiera traducciones de las Escrituras. Las sociedades bíblicas protestantes empezaron a imprimir y distribuir la Biblia. El Nuevo Testamento de Scío salió en Nueva York en 1819, y la Biblia entera salió en Londres en 1821. En el siglo XIX las Biblias de Scío y de Torres Amat-Petisco, traducidas de la Vulgata, eran distribuidas por todo el mundo de habla española.

La Biblia en el siglo XIX

Capítulo 10

La posibilidad de poner la Biblia en manos de todos despertó la imaginación de miles de personas en el siglo XIX. Es, en gran parte, la historia de la colaboración entre laicos y pastores para desarrollar sistemas nuevos para publicar y distribuir las Escrituras. Quien quería proveer acceso a la Biblia tenía que reconocer que, en lo físico, la Biblia era un libro. Los libros tenían que ser editados, impresos y distribuidos. Los presuntos lectores y lectoras tenían que aprender a leer y necesitaban acceso al libro. Hasta la época moderna, estas condiciones existían para pocas personas, dado el costo alto de los libros y de la educación formal. A fines del siglo XVIII todo cambió con la llegada de la revolución industrial y las revoluciones políticas. Por primera vez, los libros bajaron de precio con la imprenta mecánica. Al mismo tiempo, la educación formal se expandió con los gobiernos representativos. Para las nuevas repúblicas, la educación primaria fue fundamento de la participación democrática en la nueva política. Para los evangélicos, saber leer era necesario para poder leer la Biblia. En Inglaterra y los Estados Unidos hasta los niños que trabajaban en las fábricas aprendían a leer cuando asistían a las escuelas de domingo, su único día libre.

Varias versiones de la Biblia en la lengua española aparecieron en el siglo XIX. Algunas se basaban en las traducciones hechas por Reina y Valera. Estas se destinaban a un público no católico romano. Otras se basaban en una traducción de la Vulgata, y eran específicamente para los adherentes de la Iglesia Católica Romana.

Las Biblias «baratas»

Los movimientos de avivamiento en Norteamérica y en las Islas Británicas a fines del siglo XVIII, junto con el pietismo protestante, formaron una nueva generación de hombres y mujeres dedicados a la evangelización. Un nuevo entusiasmo religioso generó la idea de hacer circular la Biblia por todo el mundo, y así mejorar la vida y asegurar la salvación de la humanidad. En Inglaterra se formó la British and Foreign Bible Society o BFBS (la Sociedad Bíblica Británica y Extranjera) en 1804, con el fin de publicar y distribuir Biblias a un costo mínimo. Estas «biblias baratas» llegaron a centenares de miles de personas que nunca antes habían poseído un libro. Desde el principio la BFBS afirmó una política de no incluir resúmenes, notas ni ninguna clase de interpretación ni comentario en sus Biblias. Tampoco admitía los libros deuterocanónicos, conocidos también como la apócrifa. La filosofía predominante era que la Biblia hablaría por sí misma. Hombres de varias congregaciones evangélicas, desde los anglicanos de la iglesia establecida en Gran Bretaña, hasta los bautistas y los amigos, formaban el comité timón de la BFBS y trabajaban juntos. Con diferencias bastante grandes en cuanto a su modo de entender el cristianismo, no querían provocar disputas. Su ecumenismo tenía sólo un fin: publicar y distribuir la Biblia por el mundo. Los directores de la BFBS consideraban que el desafío era producir libros, en gran cantidad y a un costo mínimo. Un proyecto de tal magnitud requería un nuevo sistema de conseguir papel, de imprimir las hojas, de encuadernación y de distribución. En el proceso de desarrollar los nuevos métodos de producción, los líderes de la BFBS revolucionaron la industria del libro. Toda esta labor fue patrocinada por grupos de voluntarios, en gran parte mujeres, que recaudaban fondos para la BFBS. Pronto la BFBS gozaba de bastante dinero para implementar sus proyectos más ambiciosos.

Al principio la BFBS se preocupó de los ciudadanos de habla inglesa, pero pronto se vio la necesidad de una versión de la Biblia en la lengua de Gales en el suroeste de Gran Bretaña. La historia de una muchacha llamada Mary, que caminó una larga distancia en búsqueda de una Biblia en su idioma galés, animó a los directores de la BFBS. Este episodio abrió la puerta a la producción de Biblias en otros idiomas por una variedad de razones: la expansión del imperio británico, el comercio internacional, la obra misionera y la presencia de extranjeros en Gran Bretaña.

La publicación de la Biblia en la lengua castellana fue motivada por el encuentro de los ingleses con los españoles en el territorio de estos últimos. Cuando la BFBS fue creada, Inglaterra estaba involucrada en las Guerras Napoleónicas contra Francia y su vasallo, España. Los ingleses se establecieron en Gibraltar, en el sur de la Península Ibérica, y llevaron miles de soldados españoles allá como prisioneros de guerra. Entre los militares ingleses que controlaban este pequeño territorio había evangélicos que pidieron Biblias para los prisioneros en su custodia. La cuestión para la BFBS fue cuál versión de la Biblia en lengua española serviría mejor. Algunos de los ingleses conocían la versión publicada por Valera en 1602, pero no se sabía que era la obra de Casiodoro de Reina revisada por Cipriano de Valera. La llamada «Valera» fue adoptada por la BFBS. En 1806 La BFBS publicó 3,000 ejemplares del Nuevo Testamento y los mandó a Gibraltar. Al mismo tiempo mandó unas 600 copias a Buenos Aires y Montevideo por medio de mercaderes y diplomáticos evangélicos ingleses.

Pronto llegó la noticia de que las autoridades católicas romanas en España y Latinoamérica no admitían las Biblias protestantes. Parte del problema era la falta de la literatura apócrifa —los libros deuterocanónicos— en la versión de Reina-Valera, porque los católicos romanos tenían esos libros deuterocanónicos en gran estima. Cuando los británicos salían de los puertos donde habían distribuido la Reina-Valera, los obispos le pedían al pueblo que todas las Biblias fueran llevadas a la plaza o la iglesia para ser quemadas. Esta oposición requería respuesta, y la BFBS decidió adoptar la versión del padre Scío, y más tarde la de Torres Amat-Petisco.

La apócrifa o los libros deuterocanónicos

La palabra «apócrifo» quiere decir secreto u oculto. Es el nombre que se les da a los libros reconocidos como importantes pero no parte del canon oficial de la Biblia. También son conocidos como «deuterocanónicos», o del segundo canon. Los libros apócrifos de los judíos y de los cristianos se compusieron para ampliar la tradición sagrada, después de la cristalización del canon oficial.

En la Septuaginta, la versión griega de las escrituras hebreas que proviene de Alejandría en los siglos 2 y 3 a. C., se incluía la apócrifa.

Estos libros iban arreglados según su tema: (1) históricos; (2) proféticos apocalípticos; (3) moral-didáctico. Incluyen cuentos de las hazañas heroicas y los milagros de figuras fabulosas. Son Tobit, Judit, algunas añadiduras a Ester, Sabiduría, Baruc, los libros de los Macabeos, y varios otros. Cuando los judíos adoptaron el texto masorético, la versión hebrea, en los siglos 8-9 d. C., no aceptaron estos libros en el canon oficial.

San Jerónimo no quiso reconocerlos como parte del canon, pero los incluyó en la Vulgata en respuesta a la insistencia de San Agustín y otros líderes eclesiásticos. Los eruditos de la Reforma del siglo dieciséis tuvieron opiniones diversas acerca de la apócrifa. Juan Calvino y otros no la aceptaron, mientras Martín Lucero le daba valor. En el Concilio de Trento las autoridades de la Iglesia Católica Romana declararon en 1546 que la Biblia autorizada (la Vulgata) siempre incluyera la apócrifa. Los cristianos del Oriente siempre han incluidos la apócrifa en su Biblia.

También hubo literatura apócrifa del Nuevo Testamento en los primeros siglos del cristianismo. Pero ningunos de estos libros fue considerado parte del canon. Muchos se conocen sólo por título, porque fueron declarados heréticos y destruidos.

La BFBS había confrontado el problema de la apócrifa cuando publicó la Biblia en alemán para mandarla al continente europeo. Los pueblos luteranos querían incluir la apócrifa en sus Biblias. La BFBS llegó a un acuerdo para el pueblo germánico: mandaron las páginas de la Biblia en alemán, ya impresas pero no encuadernadas. Esto permitía que los luteranos imprimieran la apócrifa por su propia cuenta, y tuvieran una Biblia completa según sus ideas. Sin embargo, en los países de habla española esto no era posible por la falta de casas impresoras con autorización para reproducir la Biblia. Los gobiernos todavía seguían el dictamen de la Iglesia Católica Romana y no aprobaban tal acción. Por eso, las sociedades bíblicas tenían que mandar la Biblia encuadernada, lista para vender. La BFBS optó por la versión de Scío, pero sin la apócrifa.

En Norteamérica, el afán evangélico resultó en la formación de otras sociedades bíblicas, con el mismo fin de la británica. La American Bible Society o ABS (Sociedad Bíblica Americana) fue organizada por un grupo de hombres de negocio y ministros en 1816 en Nueva York. Esta sociedad se encargó de proveer las Escrituras a todas las regiones de la nación, siguiendo a los colonizadores y a los militares cuando se establecían en territorio nuevo de las fronteras. Después de comprar a Napoleón el gran valle del río Mississippi en 1803, los estadounidenses entraron en lo que antes fueron los territorios franceses y españoles. En las décadas siguientes, los estadounidenses reclamaron para sí las tierras occidentales, desde Texas hasta California.

Los voluntarios de la ABS también entraron a México por tierra y por mar para proveer Biblias a los nacionales y a los misioneros que iban llegando. Muchas de las personas en el occidente de Norteamérica —es decir, de México y del territorio reclamado por los Estados Unidos— reconocían a la Iglesia Católica Romana como la autoridad cristiana de su sociedad.

Latinoamérica se separó de España mediante una serie de guerras de independencia durante las primeras décadas del siglo XIX. En los Estados Unidos los norteamericanos miraban con aprobación el establecimiento de las repúblicas latinoamericanas. Los directores de la ABS veían a los latinoamericanos como parientes suyos, porque tenían en común la experiencia de haber sido colonias que luego se hicieron estados independientes. Simpatizaban con los liberales en su esfuerzo para separar el estado de la iglesia, y vieron una oportunidad para llevar la Biblia a esos pueblos como lo hacían en Norteamérica. Empezaron a mandar ejemplares del Nuevo Testamento y la Biblia en español en 1819.

En algunos lugares esta Biblia fue permitida, y en otros no, según la filosofía de los sacerdotes y los oficiales civiles. Para algunos, era más importante tener libros para las escuelas o tener acceso a las Sagradas Escrituras que prohibir esta versión distribuida por los protestantes. En Louisiana, por ejemplo, los curas pidieron la Biblia en español y francés. En Cuba, el secretario del obispo recibió Biblias y mandó un obsequio de 26 volúmenes de los escritos de la época patrística a la ABS en Nueva York. Otros vetaron toda clase de Biblia en lengua española.

En 1817 la ABS compró las placas de la versión «Valera» de los ingleses, para producir Biblias en Nueva York. Mandaron 500 Nuevos Testamentos a Buenos Aires, y otra cantidad a Puerto Rico, Chile y México mediante comerciantes y marineros. En ciertas instancias los oficiales electos o auto-nombrados en las nuevas repúblicas visitaron la ABS en Nueva

York para pedir Biblias, y algunos fueron nombrados al cuerpo directivo de la Sociedad Bíblica. Pero la oposición del clero llegó a tal punto que la ABS decidió producir la versión de las Escrituras del Padre Scío. Entre 1822 y 1841 esta fue la Biblia distribuida por la ABS.

La versión de uso común

Otra preocupación de los directores de la ABS fue su filosofía de imprimir sólo «la versión de uso común» de un idioma. En inglés, usaban la versión «autorizada» o del Rey Jaime I, de 1611. Hubo mucho debate en las Sociedades Bíblicas sobre cuál era «la versión de uso común» para el pueblo de habla española. La controversia sobre la Biblia de «uso común» y el problema de incluir o no los apócrifos resultaron en el abandono de la versión de Scío en 1841. Al fin aceptaron la versión de Reina-Valera de 1602 como la de «uso común», a lo menos entre los protestantes. Esta fue la Biblia enviada a los agentes de las Sociedades Bíblicas y los misioneros en Bogotá, Buenos Aires, Guatemala y otros lugares.

Habían pasado siglos desde la obra de Casiodoro de Reina, y el idioma había cambiado bastante en esos años. Además, el habla de las Américas se había diferenciado bastante del castellano de España. Esto creó nuevas dificultades: ¿Cómo publicar una versión más al día? Con el fin de hacer la Biblia más accesible para los hispanos de las Américas, la ABS pidió una nueva traducción.

El Rev. Enrique B. Pratt, misionero presbiteriano y agente de la ABS en Colombia, fue designado para el nuevo proyecto de traducción. Primero Pratt se dedicó a revisar la obra de Cipriano de Valera trabajando junto con el español Ángel H. de Mora. Su trabajo fue interrumpido por la guerra civil norteamericana, cuando Pratt regresó a los Estados Unidos para servir como capellán. Al fin su revisión salió en 1865 en Nueva York. Pratt regresó a Colombia en 1869 e hizo una nueva versión del Salterio que salió en 1876 en Bucaramanga. En esta versión del Salterio, Pratt basó su traducción en la obra de Reina y Valera, los textos hebreos, la Septuaginta griega, la Vulgata, la obra de Scío y la de Torres Amat-Petisco. Este Salterio apareció dentro de una Biblia completa publicada en 1883 en Barcelona, ubicado dentro de la traducción de Reina. Pratt regresó a los Estados Unidos por razones de la salud de su esposa, pero siguió en su trabajo de biblista. Preparó una nueva traducción de Génesis, publicada en Nueva York en 1883. En 1888 fue nombrado un comité durante un congreso misionero en México, el cual quedó a cargo de ayudar a Pratt a terminar la nueva versión de la Biblia entera. Bajo el nombre de «Versión Moderna» ésta salió por primera vez en 1893, en Nueva York. Jubilado en los Estados Unidos, Pratt escribió comentarios sobre Génesis, Éxodo y Levítico, publicados por la Sociedad Americana de Tratados.

Las sociedades bíblicas siempre vendían las Biblias, y no las regalaban. Quien compraba una Biblia pagaba un mínimo —hasta un centavo a la semana— a un representante auxiliar de la Sociedad Bíblica. Muchos de estos agentes eran mujeres, quienes se ganaban con mayor facilidad la confianza de la gente en los barrios donde trabajaban. Esta obra voluntaria ayudaba a las mujeres de clase media salir de sus casas y participar en el servicio cristiano. La visitante llevaba las cuentas para cada comprador, dando el dinero al tesorero, quien mandaba la mitad a la oficina central de la sociedad como una contribución, y compraba Biblias y Testamentos con la otra mitad. No se vendieron Biblias en las tiendas por muchos anos, porque la sociedad no quería competir con un vendedor ajeno. Esto funcionó bien durante una generación. Con la incorporación de otras lenguas habladas en países lejanos, los evangélicos crearon otro sistema. La BFBS publicó y distribuyó más de 277,000 Biblias, Testamentos y porciones de las Escrituras en español entre 1806 y 1854.

Los "colportores" en España

Después de la década de 1830, la distribución de las Biblias y testamentos de las sociedades bíblicas dependía de sus agentes a través del mundo. Estos agentes se llamaban «colportores» (vendedores ambulantes). Eran más que empleados, pues se dedicaban a la difusión de las Escrituras Sagradas a pesar de toda adversidad. Los colportores ejemplificaban una piedad profunda y una seria rectitud personal, cualidades que despertaban la confianza del pueblo. Muchos venían de la población que servían, y habían sido católicos romanos antes de conocer la Biblia y cambiar de creencia. Se ganaban la vida vendiendo Biblias, y evitaban la venta a otros comerciantes que querían revenderlas a un precio más alto. El sistema de colportores fue desarrollado por un lingüista francés, y pronto fue adoptado en Europa y las Américas.

Desde principios del siglo la BFBS había distribuido Biblias haciendo uso de los marineros que viajaban por todo el mundo. España recibió las Biblias de la BFBS primero por medio de un oficial de la marina inglesa, el teniente Graydon, en Gibraltar. En 1835 Graydon empezó a distribuir Biblias en español en Andalucía y en catalán en la costa española oriental. También publicó sus observaciones negativas sobre la religión católica romana y el clero, lo cual provocó una fuerte reacción en España en contra de los colportores y otros protestantes. El libro de Graydon tuvo serias consecuencias para el próximo colportor mandado a España por la BFBS, George (Jorge) Borrow (1803-c.1881?).

George Borrow llegó a España en 1836. Alto, de cabello blanco y montado en una mula blanca, Borrow fue una figura inolvidable. Es uno de los colportores mejor conocidos porque escribió cartas a la BFBS, que publicó como un libro más tarde, describiendo sus aventuras en España. *The Bible in Spain (La Biblia en España)* inspiró a miles de donantes ingleses dedicados a la distribución de la Biblia en aquel país. Viajó por toda la nación y conoció a una población muy marginada, los gitanos. Borrow, dotado de facilidad para las lenguas, aprendió su idioma y tradujo parte de la Biblia a él.

Borrow consiguió permiso del gobierno, en medio de una guerra civil, para imprimir la Biblia en España. Colaboró con un impresor inglés en Madrid, quien imprimía una revista, *El Español*. Uno de los editores de esta revista fue Luis Usoz y Río, un aristócrata que había estudiado la Biblia por su cuenta. Usoz y Río era profesor de hebreo y conocía la Biblia en las lenguas originales. Su principal contribución a la historia y a su fe religiosa fue la recopilación de 20 tomos de los escritos de los reformadores del siglo XVI. Usoz y Río les dio la bienvenida a los colportores y les ayudaba en su trabajo. Apoyó la impresión y distribución de Biblias hasta su muerte en 1865.

Borrow vendió 5,000 ejemplares del Nuevo Testamento en la versión de Scío, sin las notas. Tuvo varios encuentros desagradables con sacerdotes y oficiales que se oponían a la distribución de la Biblia entre el pueblo. Esto desafió la obra de las sociedades bíblicas, porque los católicos romanos reconocían una Biblia distinta de la versión de los protestantes. El problema más serio fue que la lectura o la posesión de una Biblia le estaba prohibida al pueblo. Los oficiales de la Iglesia Católica Romana hacían todo lo posible para mantener esta prohibición. En 1836 el Papa

Gregorio XVI promulgó una bula que condenaba a las sociedades bíblicas y que prohibía la lectura del texto bíblico en lengua vulgar.

En 1839 Borrow salió de España. La situación política inestable imposibilitaba su trabajo de imprimir y distribuir Biblias.

Un revolución en España en 1868 se alzó en contra del gobierno conservador de Isabel II. Los rebeldes instalaron un gobierno más liberal, que permitió la circulación de la Biblia. Ese mismo año la BFBS abrió una agencia en Madrid y aumentó la producción de Biblias en lengua castellana, con impresores en la península ibérica, además de los de Inglaterra.

Una segunda generación de colportores y evangelistas fue compuesta por españoles que apenas habían nacido cuando Graydon y Borrow llegaron a España. Manuel Matamoros (1836-1866), un joven militar y hacendado de Málaga, conoció la Biblia en Gibraltar. Otro evangélico español, el ex abogado Ruet, motivó a Matamoros para que distribuyera la Biblia y predicara en Andalucía. Matamoros fue arrestado y condenado a diez años de trabajos forzados bajo el reino de Isabel II. La pena fue conmutada al exilio después de una campaña de protesta dirigida por extranjeros. Un poco antes de su muerte en Lausana, Suiza, en 1866, Matamoros describió sus acciones:

> «Apenas hace tres años que salimos de la prisión: el Gobierno, como lo hace todavía hoy, había prohibido la entrada de la Biblia y los libros protestantes, cuya necesidad se hacía sentir grandemente entre nuestros amigos de Málaga, en quienes renacía la actividad misionera... La idea de una Biblia hecha en España nos sacudió, pero, ¿dónde? y ¿cómo?, con tanta vigilancia policial... Nuestro corazón decía: ‹Es imposible›, pero nuestra fe respondió: ‹lo que es imposible para los hombres, es posible para Dios...›
>
> Pronto encontramos un impresor y la Sociedad Bíblica de Escocia se encargó de esta obra de fe... comenzamos una edición del Nuevo Testamento de Valera... en un sótano oscuro, a la luz de una pobre lámpara; hicimos aquella imprenta acompañada de nuestra oraciones, con una máquina de madera vieja, que agotaba las fuerzas de nuestro hermano y su salud, a causa de la humedad. Para imprimir tres mil hojas invertimos de once a doce días...» (Flores 1978, 178).

Cipriano Tornos, nacido cerca de Zaragoza en 1833, estudió en las Escuelas Pías y se hizo sacerdote. Era tan buen predicador que fue designado a la capilla real por la reina Isabel II. Para combatir a los protestantes, leyó algunos folletos de ellos, junto con la Biblia. Estudió la Biblia, leyó a los reformadores y por fin salió del sacerdocio católico romano. Siguió predicando, pero en un ambiente protestante. A consecuencia de su predicación, un anciano rico dejó su fortuna para la construcción de una iglesia protestante en Madrid, que se conoce como la Iglesia del Noviciado.

Miguel Trigo —quien trabajó como evangelista en Orán (una ciudad española en la costa norte de África)— colaboró con Matamoros la impresión del Nuevo Testamento. Manuel Carrasco se hizo pastor en Málaga. Fue encarcelado por imprimir 2,000 ejemplares del Nuevo Testamento. José Vásquez también colaboró en Málaga con Matamoros y con los agentes de las sociedades bíblicas. Juan Bautista Cabrera (1837-1916), de Alicante, es el mejor conocido de los evangélicos españoles de esta época. Se hizo sacerdote de los escolapios y leyó la Biblia de Torres Amat-Petisco. Indignado por la encarcelación de Matamoros y otros colportores, Cabrera abandonó el sacerdocio católico romano. Con la revolución de 1868, obtuvo permiso para «recorrer España entera con la Biblia bajo el brazo». Cabrera fue pastor de la iglesia evangélica El Redentor en Madrid, donde obtuvo fama como buen predicador. Se le conoce mejor hoy por la letra de himnos que compuso, muchos de los cuales todavía se cantan, como «Del más lejano oriente». También tradujo muchos himnos clásicos, como «Santo, santo, santo» y «Castillo fuerte es nuestro Dios».

Las primeras Biblias en castellano que llegaron a España en el siglo XIX eran de la versión Scío, sin los libros apócrifos. Luego las sociedades bíblicas publicaron la versión de Torres Amat y Petisco. Después de 1868, con el triunfo de los liberales, la oposición de parte del clero disminuyó. Entre muchas vicisitudes, marcadas por períodos de represión dura, la BFBS había distribuido más de 3,845,000 de ejemplares de la Biblia en España antes de 1910.

Los colportores en las Américas

En las Américas las sociedades bíblicas reconocieron la necesidad de trabajar a través de agentes, empleados suyos. Los marineros y comerciantes voluntarios no tuvieron los resultados deseados, debido a su corta estancia y a la oposición de la iglesia establecida. La BFBS utilizó los servicios de James (Diego) Thomson (1781-¿1854?), representante de la Sociedad de

Escuelas Británicas y Extranjeras (y del sistema de educación lancasteriano, que utilizaba a los alumnos avanzados para instruir a los más jóvenes) para tener una presencia mayor. Thomson estuvo primero en Buenos Aires de 1818 a 1821, donde usó los textos bíblicos para enseñar. Viajó a Montevideo, a Chile —donde fue reconocido por el liberador O'Higgins— a Perú, Bogotá, México, a las Antillas Menores, Puerto Rico, Haití, Jamaica y Cuba. También proveyó Biblias para los misioneros que entraban en México por primera vez, como Melinda Rankin, quien trabajaba en Brownsville, Texas en 1852. Cuando Thomson estuvo en México en 1842, encontró tres versiones de la Biblia en lengua española: la de Torres Amat-Petisco, en 17 tomos a un precio de $25 dólares, la de Scío en 77 tomos a un dólar por cada tomo y una nueva traducción elaborada por clérigos mexicanos, en 25 tomos por $132 dólares. Resultaba aparente que estas Biblias, a precios tan altos, no se destinaban al pueblo. Antes de regresar a Inglaterra, Thomson había distribuido 10,000 Nuevos Testamentos.

Frederick (Federico) Crowe, un joven aventurero inglés, llegó a Belice en 1836. No encontró buen trabajo y fue a vivir con un pastor bautista. Este le mostró tan buen ejemplo, que poco a poco Crowe cambió su comportamiento y fue bautizado. Dedicó su vida a distribuir las Biblias provistas por el pastor. Crowe escribió un libro que cuenta en términos vívidos su vida de colportor. Allí describe su viaje a la feria de Salamá, Guatemala:

«Cuatro días antes de la feria salí de Abbottsville [Belice]. Acompañado de cuatro indios de carga, cada uno llevando más de un quintal de libros, y yo cabalgando en una mula alquilada, puesto que mi propio caballo se lo habían robado. Después de las vicisitudes comunes a la travesía por las montañas, llegamos a Salamá en el quinto día. La feria estaba en plena actividad. Mi primer acto fue visitar al señor Corregidor, e informarle de mi presencia y propósito. Yo ya le había obsequiado una Biblia hermosamente empastada, que contenía el texto de la Vulgata y su traducción al español. Él se complació en recibirme cordialmente, aunque no sin una sonrisa debido a la naturaleza de mi empresa» (Crowe 1986, 25).

Por cinco años Crowe vendió Biblias, las obsequió y terminó por prestarlas cuando las autoridades religiosas prohibieron su venta. Después de batallas entre el colportor, los oficiales de Guatemala y las autoridades religiosas, Crowe fue expulsado del país. Muchas de las

Biblias quedaron tras él, como propiedad de familias que más tarde llegaron a ser evangélicas.

La primera agencia de la ABS en Latinoamérica se estableció en 1833. Ramón Montsalvatge, un antiguo monje, fue agente de la ABS en Venezuela en 1854. Distribuyó Biblias, pero encontró fuerte oposición por ser ex-católico romano. Montsalvatge tuvo una pequeña congregación en Cartagena, donde fue conocido por su buena predicación.

La ABS mandó sus propios colportores, y colaboró con otras organizaciones misioneras para distribuir la Biblia en Latinoamérica. Nombres de ingleses, escoceses y norteamericanos son reconocidos como colportores. Andrew Murray Milne, un comerciante evangélico de origen escocés, llegó a Buenos Aires en 1862 y organizó la obra de la ABS en Latinoamérica. La organización de Milne distribuyó 854,812 Biblias, Testamentos y porciones de la Biblia. También hubo colportores de origen italiano, algunos de la antigua iglesia valdense, y otros recién llegados al protestantismo. José Mongiardino llegó a Sudamérica en 1876 como vendedor de Biblias. Encontró grande resistencia por parte del clero en Bolivia y fue asesinado, después de ser amenazado por el obispo.

Francisco G. Penzotti, de Uruguay, fue el «héroe más destacado del protestantismo latinoamericano» (Deiros, 648). Dedicó su vida a la distribución de la Biblia, visitando todos los países de Latinoamérica. Penzotti trabajó con Milne, a quien siguió como secretario general de la ABS en Latinoamérica.

La Biblia también fue llevada al antiguo imperio de España al norte del Río Bravo: Texas, Nuevo México, Arizona y California. Allá, después de la guerra entre México y los Estados Unidos (1846-1848), los conquistadores norteamericanos encontraron gente de habla española. Este «gran suroeste» formó parte de la obra expansionista de las misiones católicas romanas y protestantes en el siglo XIX. Entre los protestantes, se repitió la distribución de la Biblia como lo había hecho la BFBS en América Latina. Los militares, mercaderes, viajeros y evangelistas llevaron obras bíblicas a dondequiera que fueron. Todavía en las montañas de Nuevo México y Colorado se conservan Biblias de esa época, con los nombres de las familias que las obtuvieron. La «Biblia Gómez», impresa en 1868, es la versión de Reina-Valera. Juan Gómez la compró en 1908 de una familia procedente de Nuevo México. Gómez pago $10 en efectivo, un buey y el uso de una yunta para un viaje a Santa Fe, y regresó a su casa, a una distancia de 110 millas (177 km.). Durante el viaje, los bueyes se extraviaron y estuvieron perdidos por unos meses antes de ser devueltos a su dueño. Sin embargo, Gómez consideró que el precio era justo.

Los colportores de todo el mundo de habla española se distinguieron por visitar a los pueblos más remotos, donde no había ni bibliotecas ni librerías, y a veces ni siquiera iglesias católicas romanas. Su labor de vendedores ambulantes se requería por las circunstancias y resultó ser la manera más eficaz, porque no había otro acceso a la Biblia en lengua castellana. Sólo unos pocos sacerdotes recibieron las Biblias publicadas por las sociedades protestantes con gratitud, pero la reacción oficial de las autoridades en España y en América Latina fue una fuerte y prolongada oposición. Se prohibió el uso de cualquier Biblia que no fuese la Vulgata. El Papa promulgó bulas en contra de la lectura, el escuchar o la posesión de otra versión de la Biblia. Los obispos reclamaban cualquier publicación de las sociedades bíblicas para quemarlas. Algunos hasta identificaron esta destrucción con los autos de fe del siglo XVI. Se regocijaban de «quemar a [los hombres,] Reina y Valera», al quemar su traducción.

Las autoridades civiles actuaban según su orientación política. Los liberales, por lo general, abrían las puertas a la distribución de esas Biblias. Los conservadores, aliados estrechamente con la Iglesia Católica Romana, se oponían. Una y otra vez las constituciones y las leyes cambiaron, para garantizar la libertad de expresión y de religión en unos casos, y para defender la posición de la iglesia oficial en otros. Esta situación delicada produjo un ambiente de incertidumbre para los colportores. Siempre hubo el peligro de los disturbios y las guerras civiles. Los colportores en algunos lugares fueron asesinados por la sola razón de distribuir la Biblia en lengua castellana. Bajo la dictadura de Franco de 1939 a 1976, los españoles perdieron las Biblias que antes habían impreso en circunstancias mejores. La censura de correos imposibilitó la importación de obras bíblicas del extranjero.

El establecimiento de sociedades bíblicas en España y América Latina cambió la obra del colportorado. Los nacionales se responsabilizaron por la publicación y distribución de las obras bíblicas en sus países.

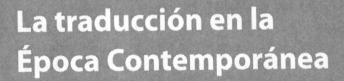

La traducción en la Época Contemporánea

Capítulo 11

En los últimos trescientos años el conocimiento de los textos bíblicos ha aumentado dramáticamente, por la cantidad de fuentes descubiertas y los avances en la tecnología disponible para su estudio. Hoy se conocen 5,500 manuscritos antiguos de porciones del Nuevo Testamento. Algunos están escritos en griego, otros en latín, siríaco u otros idiomas utilizados por los primeros cristianos. Los textos del Antiguo Testamento, en hebreo y arameo, también se han incrementado dramáticamente. El desafió de los biblistas de nuestro día es identificar los mejores textos para traducir, editar, imprimir y distribuir. ¿Cómo se puede seleccionar cuál texto usar para una traducción de «la lengua original» a un idioma hablado hoy? La historia de cómo los traductores identificaron los textos y aprendieron a conocerlos a fondo es la historia de la crítica textual de los últimos tres siglos.

Los cristianos siempre han leído —o escuchado— la Biblia atentos al sentido. En todos los tiempos y en todo lugar la Biblia dirige a los discípulos de Jesucristo a creer y vivir en relación con Dios y con los próximos. La esencia del mensaje bíblico no cambia, lo que cambian son las culturas de los seres humanos, la comunicación entre las culturas y las herramientas disponibles a los estudiosos.

La crítica textual

El estudio a fondo, o la crítica, de las cualidades de una obra literaria tiene raíces en la cultura griega antigua. La palabra «crítica» viene de la raíz griega *krino* y quiere decir «examinar». El estudio profundo de la Biblia empezó en los primeros siglos del cristianismo. Esta disciplina, que es a la vez una ciencia y un arte, ayudó mucho a los traductores porque podían entender mejor el significado original del hebreo y el griego de la Biblia. San Jerónimo reconoció la necesidad de leer los textos cuidadosamente para discernir la estructura subyacente. Este traductor y biblista estuvo consciente de las muchas posibilidades de error en la trascripción. Generalmente la traducción era dictada a un secretario o escribano. Había posibilidad de que el traductor no viera bien el texto, por la falta de luz o problemas de la vista. También era posible que el secretario no escuchara bien lo que el traductor decía, o que no sabía cómo escribirlo correctamente. Otros errores ocurrían por entender mal las abreviaturas. Tal vez había transposiciones de las letras (algo que ocurría con bastante frecuencia). Todos estos y otros accidentes ocurrían en el proceso de copiar los manuscritos. San Agustín también conocía los problemas que los textos pueden presentar. Anticipó los problemas y estableció algunos principios para estudiar y evaluar los textos.

El método histórico-crítico

En las universidades de habla alemana en el siglo diecinueve se desarrollaron métodos para examinar los textos antiguos con el fin de entenderlos y apreciarlos mejor. Los textos eran considerados a través de toda su historia, desde que se concibieron en forma oral hasta las formas escritas. También se consideraba la redacción de los textos: cómo se habían recopilado y juntado para componer una totalidad.

Este método como tal no fue conocido en los siglos anteriores, pero se puede reconocer algo semejante en la preparación de algunas de las traducciones, como la Biblia del Oso en español (1569), la Biblia Reina-Valera (1602) y la Biblia del Rey Jaime en inglés (1611). En todos estos casos, los traductores intentaron localizar las mejores fuentes, compararlas y conocer su historia. Estos traductores premodernos se dieron cuenta de la necesidad de trabajar con un equipo de estudiosos (algunos presentes sólo por sus escritos) y dedicarse a un examen minucioso del texto para llevar a cabo una traducción fiel.

Nosotros gozamos de nuevos medios y disciplinas en los estudios de la Biblia. Entre estos están:

- la filología, o el estudio del desarrollo de los idiomas;
- la paleografía, o el estudios de la caligrafía antigua;
- la historia, o el estudio de los acontecimientos del pasado;
- la arqueología, o el estudio de la historia antigua por medio de los monumentos y objetos de tiempos remotos.

Todas estas disciplinas ayudaron a los investigadores a entender mejor cómo la Biblia fue escrita y transmitida hasta el día presente.

La filología se basa en el estudio de la evolución de los idiomas, notando los cambios históricos dentro de la lengua. Esto permite a los biblistas ver cómo el lenguaje de los manuscritos distintos indica su edad, su lugar de origen y otras características.

La paleografía estudia el estilo de escribir. Cada época tiene ciertas características distintas. Por ejemplo, su escritura es distinta de la de sus padres, y a la de sus abuelos. Los paleógrafos pueden estudiar las escrituras en diferentes manuscritos y decirnos con bastante seguridad si son originales, de dónde vienen, cuándo fueron escritos, la profesión y características de la persona que los escribió.

El estudio de la historia revela los acontecimientos, las fechas, las teologías y los individuos relacionados con los textos antiguos. Por ejemplo, la historia conflictiva de los pueblos de Iberia se puede ver como elemento importante en los textos con ilustraciones que enfatizan los guerreros, las batallas, los reyes conquistadores y los triunfos del pueblo de Dios. Un conocimiento de la historia también puede ayudarnos a identificar los escribanos, los centros donde trabajaron y a las personas que patrocinaron la obra.

La arqueología estudia los monumentos, edificios u otros lugares donde los seres humanos habitaron en el pasado. La excavación de estos sitios descubre manuscritos antiguos, antes no conocidos, que se pueden leer y comparar con los ya existentes. Muchos textos se han descubierto en los desiertos del Levante, donde los cristianos antiguos vivían en otras épocas.

Estas disciplinas, la filología, la paleografía, la historia y la arqueología, abren ventanas para ver mejor los textos bíblicos en toda su complejidad.

Nuestro conocimiento de la Biblia puede aumentar cuando se emplean las disciplinas contemporáneas en el estudio de los textos antiguos.

La búsqueda de textos

Desde el Renacimiento en Europa existía alguna conciencia de las civilizaciones «clásicas» de los antiguos griegos y romanos. Para los más privilegiados, era posible estudiar las obras literarias de la antigüedad en griego y latín. Con los descubrimientos de las ruinas de los antiguos romanos en la bahía de Nápoles, Italia, a partir de 1711, se despertó una inagotable curiosidad en los orígenes de estos pueblos. Este interés se intensificó cuando se excavaron tres estatuas de marfil de mujeres en el pueblo de Herculano. Las estatuas eran elegantes, del estilo clásico romano de los siglos inmediatamente antes y después de Jesucristo, y fueron llevadas al norte, a Sajonia. Después del descubrimiento de las mujeres de Herculano, se reveló toda una ciudad, Pompeya, que había quedada sepultada bajo la ceniza cuando el volcán Vesubio hizo erupción en el año 79 d. C. Estos dos pueblos en la bahía de Nápoles eran lugares favoritos de los romanos más ricos hace dos mil años. El estudio intenso de Herculano y Pompeya abrió una ventana al pasado que permitió conocer mejor la sociedad del Imperio Romano durante la época en que los acontecimientos del Nuevo Testamento tuvieron lugar.

Carlos III de España, de la familia Borbón, reinó en Nápoles de 1735 a 1759, antes de heredar el trono de España. En 1738 Carlos se casó con la princesa María Amalia de Sajonia. María Amalia se había criado en la corte donde las estatuas de Herculano se habían colocado. Cuando María Amalia llegó a Nápoles, ella y su esposo, Carlos, apoyaron las excavaciones y el estudio de los hallazgos arqueológicos, que incluían manuscritos de papiro. Los investigadores italianos y alemanes publicaron descripciones de su trabajo, ilustradas con dibujos, en los siglos XVIII y XIX. La idea romántica de una gran civilización desaparecida fascinó a los europeos. Los arquitectos, artistas, historiadores, científicos, etc., todos se maravillaban de los hallazgos en Italia. Los biblistas esperaban encontrar algunos manuscritos de los primeros siglos del cristianismo, escondidos por años.

Cuando Napoleón invadió Egipto en 1798, los militares, junto con los científicos y los artistas que acompañaron al ejército, encontraron otra gran civilización. Las ruinas de los egipcios antiguos fascinaron a los europeos. El descubrimiento sobresaliente fue la piedra Rosetta, escrita en tres idiomas antiguos. Después de mucho estudio, esta piedra dio ímpetu a la filología, o estudio de la estructura y la evolución de los idiomas.

El crecimiento de las universidades en Europa en los siglos XVIII y XIX resultó en nuevas generaciones de «exploradores intelectuales». En Francia los monasterios fueron cerrados después de la revolución de 1789. Los manuscritos antiguos antes cuidados por los monjes fueron trasladados a las bibliotecas no controladas por la Iglesia Católica Romana. Estas colecciones de manuscritos y de libros llegaron a las universidades y otras instituciones como la Bibliothèque Nationale en París, la Biblioteca Nacional en Madrid y la Biblioteca de la Real Academia de Historia en Madrid. El acceso público a los textos antiguos facilitó el estudio de los manuscritos y el desarrollo de la disciplina de la crítica textual.

Richard Simón (1638-1712), un sacerdote francés, examinó la Biblia como una obra literaria y se dio cuenta de la historia subyacente tras los libros bíblicos. Para Simón, era evidente que las tradiciones orales formaban la base de la Biblia, y que la Biblia era una obra literaria además de ser sagrada. La poesía, la composición cuidadosa de la narración, todo indicaba un largo proceso de composición y redacción. Simón publicó cuatro libros sobre la historia crítica del Nuevo Testamento, en francés y en inglés, en 1689. En los siglos XVII y XVIII, estas obras formaron la base de la crítica moderna y anticiparon otros estudios que siguieron.

En la Universidad de Halle, en el norte de Alemania, Johann Griesbach (1745-1812) lanzó una nueva era en los estudios bíblicos cuando publicó el texto griego del Nuevo Testamento. Griesbach abandonó el texto de Erasmo, pues había identificado un texto mucho más antiguo que ese.

El tema candente era el origen y la edad de los manuscritos en que se basaban las traducciones a los idiomas modernos. Erasmo había usado un texto griego para su publicación del Nuevo Testamento en 1516. Pronto se supo que ese texto no era tan antiguo como otros, y por lo tanto menos cercano a los tiempos de Jesucristo. Sin embargo, el prestigio de Erasmo era tal que su publicación fue aceptada por siglos como la mejor base para el estudio del Nuevo Testamento.

Con el trabajo de Griesbach los biblistas de varios países se dedicaron a la búsqueda de textos más antiguos. Quien descubrió y publicó más manuscritos antiguos de la Biblia fue Constantin von Tischendorf (1815-1874). Tischendorf fue estudiante de teología en la Universidad de Leipzig de 1834 a 1838. Su profesor de griego, Johann G. B. Winer, había publicado para sus alumnos una gramática del griego del Nuevo Testamento. Winer señalaba la necesidad de identificar los textos bíblicos en que se podía confiar y así conocer con mayor seguridad los Evangelios y las Epístolas tal como fueron escritos. Tischendorf se dedicó a descifrar unos manuscritos bíblicos en la Bibliothèque Nationale de París. El joven escribió a su novia que se había enfrentado a «una tarea sagrada, la lucha por recuperar la forma original del Nuevo Testamento» (Metzger, 126).

Tischendorf viajó a las bibliotecas de Europa y el Medio Oriente en búsqueda de los manuscritos más antiguos. En 1844, en el monasterio de Santa Catalina en Sinaí, Tischendorf encontró en la basura hojas de una versión antigua de la Septuaginta. El joven alemán les dijo a los monjes lo importante de esas hojas, y ellos le dieron más hojas para su inspección. Cuando salió del monasterio, los monjes le dieron porciones del Antiguo Testamento. Tischendorf le entregó estas porciones a la biblioteca de la Universidad de Leipzig, donde todavía se pueden estudiar.

Tischendorf regresó a Santa Catalina otra vez en 1853, pero los monjes no le mostraron más manuscritos. En 1859 fue al monasterio otra vez, en esta ocasión patrocinado por el Zar Alejandro II de Rusia. El alemán les presentó a los monjes una edición de la Septuaginta que él había publicado en Leipzig, basada en el manuscrito de Santa Catalina. Uno de los monjes le mostró otro ejemplar de la Septuaginta que guardaba en su celda. Tischendorf pidió permiso para estudiarlo en su cuarto, y reconoció cuán valioso era: la Biblia entera, junto con otras obras, de los primeros siglos del cristianismo. Toda la noche leyó el manuscrito de la Biblia porque, como escribió en su diario, «pareció un sacrilegio dormir». Quiso llevarlo consigo, pero no se le permitió.

En El Cairo, donde fue después, Tischendorf encontró al abad de Santa Catalina, quien andaba de viaje por allá. El alemán convenció al abad que le permitiera copiar la Biblia guardada en el monasterio. Mandó a unos mensajeros beduinos a buscar el manuscrito del monasterio. El manuscrito fue llevado a Cairo, donde le fue prestado, ocho hojas a la vez, para ser copiado. Tischendorf, junto con dos otros alemanes, un vendedor de libros y un boticario, copiaron 11,000 líneas del manuscrito

Tischendorf les sugirió a los monjes la posibilidad de regalar el manuscrito al Zar, como protector de los ortodoxos griegos. Por fin, el manuscrito le fue entregado a Tischendorf en Leipzig, para presentárselo al zar. Este mostró su aprecio por el regalo con el pago de 7,000 rublos para Santa Catalina, y otros 2,000 para los monjes en El Cairo. Además, les confirió unas decoraciones honoríficas a las autoridades del monasterio.

Tischendorf estudió el manuscrito y le dio el nombre del Códice Sinaítico. Fue publicado en 1862, en una edición de lujo en cuatro tomos de folio. Los impresores hicieron tipos especiales para reproducir exactamente la escritura antigua del manuscrito. Todo fue pagado por el Zar, para conmemorar el aniversario de los mil años de la fundación de la Iglesia Ortodoxa Rusa.

El manuscrito original fue llevado a Rusia, donde permaneció hasta después de la Revolución Rusa de 1917. Las autoridades comunistas, que necesitaban dinero, lo vendieron al Museo Británico por $500,000. La mitad fue pagada por el gobierno británico, y la otra mitad por contribuciones privadas. El Códice Sinaítico fue llevado bajo guardia al museo antes de la Navidad de 1933.

Los manuscritos antiguos

El Códice Sinaítico viene del siglo IV. Entre los otros manuscritos antiguos importantes hay el Códice Vaticano (nombrado por la Biblioteca del Vaticano, donde hoy se encuentra), y el Códice Bezae. La Biblioteca del Vaticano, que antes había estado abierta a ciertos estudiosos, fue cerrada en 1870. Durante el resto del siglo XIX, el acceso al Códice Vaticano, también del siglo IV, fue limitado. Los líderes de la Iglesia Católica Romana no admitían la investigación de los textos utilizando los nuevos métodos, los que condenaban como parte de «el modernismo». Con la llegada del Papa León XIII la situación empezó a cambiar. León escribió una carta oficial en 1883 sobre la importancia de la investigación histórica. En 1885 un salón de lectura en la Biblioteca del Vaticano fue abierto. Poco después, en 1889-90, se produjo la primera edición en facsímile del Códice Vaticano, lo cual permitió su estudio cuidadoso por eruditos de todas partes del mundo.

El Códice Bezae fue propiedad del reformador Teodoro Beza, quien sucedió a Calvino como líder de la iglesia en Ginebra. Beza le dio este códice a la Universidad de Cambridge en 1581. Es un códice bilingüe: tiene el texto griego en una página y en la otra el texto en latín. Este manuscrito ha sido estudiado por siglos y es valioso para entender cómo se escribió la Biblia en la antigüedad.

Los textos bíblicos más antiguos fueron escritos en papiro. En los desiertos de Egipto se han descubierto fragmentos de manuscritos de los siglos II y III. Es evidente que los cristianos tenían los Evangelios en forma de hojas sueltas de papiro, que copiaban y circulaban entre las iglesias. La palabra «biblia» en griego es plural y se refiere a una colección de libros. Los primeros cristianos no poseían una «biblia» o recopilación de todos los libros, sino libros sueltos. Estas porciones de Biblias se compartían, copiaban y pasaban de mano en mano. Como el papiro es delicado, estos textos existen hoy sólo en fragmentos, pero a pesar de ello son de mucho valor.

Los rollos del Mar Muerto, descubiertos en 1947, incluyen los escritos de los esenios, un grupo de monjes judíos alrededor del tiempo de Jesucristo. En los desiertos de Egipto se han descubierto fragmentos de manuscritos del Nuevo Testamento en papiro de antes del siglo IV. Un fragmento del Evangelio de Juan se puede identificar como del año 125 d. C.

Después de décadas de estudio intenso, se puede observar que estos descubrimientos, a pesar de lo interesante que son, no han cambiado el mensaje básico de lo que nos dice la Biblia. Las investigaciones han incrementado los conocimientos sobre dónde se copiaban los ejemplares de la Biblia, cuándo se confeccionaron los manuscritos antiguos y otros asuntos relevantes. Estos estudios contribuyen mucho el aprecio por la Biblia, y por tanto son una gran dádiva, pero el mensaje de la Biblia sigue siendo el mismo.

Los fundamentos de la crítica textual

Tras varios siglos de estudio, los investigadores han descubierto ciertos fundamentos en cuanto a la crítica textual y la Biblia. Estos incluyen lo siguiente:

• Todos los textos que nos quedan hoy son mixtos. Es decir, todos tienen elementos de varios textos precedentes. Así como hubo varios testigos de la vida y obra de Jesucristo, hay varias versiones de los acontecimientos. Las personas que confeccionaron los manuscritos para la iglesia cristiana tomaron textos de más de una fuente para recordar lo esencial.

- No hay un solo texto, ni un grupo de textos relacionados, que el crítico de textos pueda utilizar sin análisis. Todos los manuscritos antiguos necesitan un estudio intenso.
- Por lo general, la identidad de un texto indica dónde se originó. Es decir, si un texto se encuentra en Egipto y lleva un nombre relacionado con Alejandría, entonces es probable que fuera creado allá. Hay excepciones a este principio, por los accidentes de guerra, de robo u otras circunstancias.
- Cuando hay dos textos casi idénticos, pero uno es más corto, es probable que el más corto sea el original. Los escribas a veces agregaban detalles, pero muy pocas veces restaban de los textos en que trabajaban.
- Un texto cambia con el paso de los años. Los escribanos pueden borrar palabras, corregirlas y agregar más palabras. Fue muy común escribir el sentido, según el entendimiento de algún lector, al margen de las páginas.
- A veces, al copiar un manuscrito con estas glosas o explicaciones, el escribano las incorporaba al texto. En algunos casos, tales añadiduras llegaron a ser mayores que el texto mismo. Todo manuscrito pasa por etapas: creación, objeto de estudio, «corrección» y comentario.

El desafío es comprender lo que se puede saber y reconocer lo que no es posible saber. En algunas instancias todavía no hay respuestas a las preguntas sobre los textos.

La crítica textual hoy

Los estudios de los manuscritos medievales en el siglo veinte muestran cómo los eruditos contemporáneos aplican las herramientas de la crítica textual a nuestro entendimiento de la Biblia. Muchas de las Biblias medievales españolas se han estudiado, y varias han sido publicadas en las últimas décadas. La Biblia Romanceada Mss 10.288, conocida como BNM por las siglas de la Biblioteca Nacional de Madrid, donde está guardada, es un buen ejemplo.

La BNM es uno de los manuscritos medievales de la Biblia traducida al romance castellano, o ladino, el idioma de los judíos sefarditas. Existe poca información sobre el origen de las Biblias romanceadas: quiénes fueron los traductores y los escribanos, los dueños, la localidad y la fecha de su confección. Sin embargo, la crítica del texto hace posible reconstruir muchos datos para informarnos de su historia dentro del panorama bíblico. En 1996 un estudio detallado de BNM, fue publicado como parte de una serie que se lleva a cabo el Hispanic Seminary of Medieval Studies, Ltd.

El investigador Francisco Javier Pueyo Mena transcribió y analizó rigurosamente el texto de BNM. La transcripción, hecha en una computadora, agrega los numerales de capítulos y versículos; también usa la puntuación y las mayúsculas siguiendo el uso moderno. La ortografía no se cambió. En la introducción Pueyo presenta una descripción física sobre el tamaño de las páginas, la condición del pergamino, la encuadernación, los daños que ha sufrido el manuscrito, las raspaduras (por censura) que marcan el texto, etc. Con el estudio minucioso del contenido, se puede decir si el traductor hizo su propia traducción, o si su obra está estrechamente relacionada (tal vez copiada directamente) con otro manuscrito. Este manuscrito es parte de «una familia» y desciende de otros. La investigación reveló que BNM se relaciona con un manuscrito de la Real Academia de Historia (RAH) y otro de la Biblioteca del Real Monasterio de El Escorial (E4). En la inserción **Las traducciones del Salmo 24 en cuatro Biblias** se ve una comparación de los primeros versículos del Salmo 24 en cuatro traducciones distintas. En el **Árbol de genealogía de las Biblias romanceadas del siglo XV** se ve el parentesco de la Biblia de Alba y la BNM, según la reconstrucción que hizo Pueyo. Estos ejemplos muestran claramente cómo el lenguaje cambió con el paso de los años.

Las traducciones del Salmo 24 en cuatro Biblias

Biblia romanceada BNM 10.288
antes de 1458

[1] A David, psalmo .xxiiijo. [D]el Señor es la tierra e su fenchimento, lo poblado, e los moradores enel. [2] Ca el enla mares la açimento, e sobre los rrios la adereasç[o]. [3] ¿Quien subira ene. monte del Señor, e quien se leuantara enel lugar desu santidad? [4] Limpio de palmas e puro de coraçon, que no juro en vano la mi esençia, ni juro engañosa mente. [5] Lleuara bendición del Senor, e justiçia del Dios desu saluaçion.

Biblia de Alba de Moisé Arragel
1430

[1] Del Señor es la tierra e las cosas de lo que ella llena es; el mundo e quantos en el habitan. [2] Que el sobre mares la fundo, e sobre rios la preparo. [3] ¿Quien sobira enel monte del Señor, e quien se leuantara nin estara enel su santo lugar? [4] El ynnoçente de manos e el mundo de coraçon, que non apuso en vano la su anima nin juro en arte al su proximo. [5] Este reçibira bendiçción del Señor, e misericordia del Dios dela su saluaçion.

Biblia de Ferrara
1553

[1] De David, psalmo. De Adonay la tierra y su henchimiento, mundo y morantes en el. [2] Por que el sobre mares la acimento, y sobre rios la compuso. [3] ¿Quien subira en monte de Adonay, y quien se leutantara en lugar de su santidady? [4] Limpio de palmas y limpio de coraçon, que no juro a vanidad mi alma, y no juro por engaño. [5] Rescebira bendicion de con Adonay, y justedad de Dio de su saluacion.

Biblia de Oso de Casiodoro de Reina
1569

1 Psalmo de David. De Iehoua es la tierra y su plenitud; el mundo, y losque en el habitan. 2 Porque el la fundó sobre los mares; y sobre los rios la affirmó. 3 Quien subirá àl Monte de Iehoua? y ¿Quien estará en el lugar de fanctidad? 4 El limpio de manos, y limpio de coraçon: el que no tomó en vano mi anima, ni juró con engano, 5 Recibirá bendicion de Iehoua: y justicia del Dios de su salud.

Árbol de genealogía de las Biblias romanceadas del siglo XV

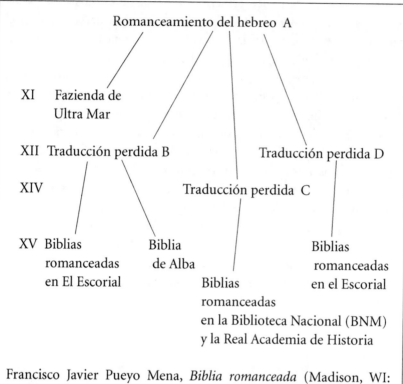

Francisco Javier Pueyo Mena, *Biblia romanceada* (Madison, WI: The Hispanic Seminary of Medieval Studies, Ltd., 1996) p. liii. Con permiso del autor y de la casa editorial.

Un árbol de genealogía de textos indica la posible relación entre los manuscritos que todavía existen, con la adición de otros manuscritos que no se han encontrado, pero que son indicados por el estudio minucioso de los actuales. Aquí se ve la historia de las Biblias hebreas, desde el tiempo cuando eran traducidas al romance castellano en la Edad Media. En la columna izquierda se ve el siglo. Abajo están los nombres de Biblias que se encuentran en las bibliotecas hoy, todas del siglo quince. Arriba están las Biblias antecedentes que los eruditos han podido identificar, aunque no las han visto. En la parte alta está el comienzo de estas traducciones, que puede ser del siglo once. La más antigua se llama «Fazienda de Ultra Mar», un manuscrito del siglo once o doce estudiado por Moshe Lazar. Es una adaptación de la obra de Pueyo.

La publicación de un manuscrito histórico suele incluir un «aparato crítico». Este consiste en los principios a partir de los cuales se puede estudiar y comprender el texto. Las notas de explicación están en el aparato. Allí se revelan los detalles sobre supresiones o adiciones del texto, que también se aclaran y justifican. El aparato también puede incluir descripciones de la apariencia física del manuscrito cuando sea pertinente. Para los estudiosos y los alumnos, el aparato puede ser la parte más valiosa de una edición nueva de un texto antiguo. En la presentación de la Biblia políglota de Cisneros, el aparato era el tomo de mayor popularidad. Pocos ejemplares de ese tomo han sobrevivido el paso de los años, porque se gastó con el uso.

Los hallazgos de manuscritos en monasterios, bibliotecas y cuevas, el examen cuidadoso de los textos antiguos, su publicación con notas y aparatos, y el acceso abierto para todos los eruditos contribuyen a la preparación de traducciones mejores para el presente. Cuando las autoridades religiosas abrieron el paso, ya había personas preparadas a darnos ediciones de la Biblia en un sinnúmero de idiomas, para la comprensión de todos.

Las Biblias del siglo XX

Capítulo 12

Los deseos de la humanidad de una participación mayor en las instituciones políticas y religiosas provocaron cambios grandes en los siglos XIX y XX. Estos cambios, a su vez, causaron reacciones fuertes por parte de los grupos dirigentes de la sociedad. Las luchas por alcanzar la independencia y la autonomía en América Latina se prolongaron por décadas, con avances y retrasos. Después de liberarse de España, México tuvo que defenderse de los sueños imperiales de Francia y Austria. Las nuevas repúblicas de América Latina también lucharon entre sí, quitándose territorios la una a la otra y cambiando las fronteras, con gran consternación para los residentes de esas tierras. En 1898 Cuba y Puerto Rico celebraron la derrota de España, pero sólo para caer bajo la influencia de Estados Unidos. España sufrió la invasión de los franceses, una serie de guerras civiles sangrientas y la pérdida final de las glorias imperiales. Estos acontecimientos, y otros semejantes, tuvieron consecuencias para la traducción, redacción y distribución de la Biblia en el mundo de habla hispana.

En los países de raíces españolas, la Iglesia Católica Romana había sido la religión oficial, y era aliada de los grupos dirigentes. A veces la lucha para independizarse de España llevaba consigo una hostilidad de parte de los ciudadanos contra los religiosos y la iglesia establecida. Las propiedades de la iglesia eran confiscadas por el gobierno civil, dejando muy poca tierra o edificios en manos de quien había sido el mayor terrateniente. En Roma el Papa perdió casi todo su poder temporal y la mayoría de sus tierras ante las fuerzas nacionalistas de la nueva Italia. La

139

iglesia, que había sido la única fuente de educación formal en muchos lugares, perdió control de la instrucción. Los residentes de las repúblicas ya eran ciudadanos, no sujetos. El estado nuevo, no la iglesia, reconocía el estado civil de una persona, desde su nacimiento hasta su matrimonio y su muerte. Ya la iglesia no podía determinar ni la condición legal, ni la educación formal, ni la creencia de los ciudadanos.

Otras amenazas a la cosmovisión de la iglesia venían de grandes adelantos en la ciencia, la industria, la comunicación y el crecimiento de organizaciones seculares. Los científicos organizaban sus descubrimientos y conocimientos de una manera distinta a la tradicional. Ahora había métodos para analizar y comprender la información que no dependían de la Biblia ni de la iglesia. La revolución industrial requería fábricas y obreros especializados, que se organizaron en sindicatos para protegerse de los abusos. La participación de mujeres en la mano de obra fuera de la casa cambió no sólo el lugar de empleo, sino también el hogar y el cuidado de los niños. La alfabetización creciente entre los grupos menos privilegiados permitía el intercambio de información e ideas por toda la sociedad.

Ya hacia fines del siglo XIX el desafío al orden establecido se sentía en todo el mundo occidental. La reacción a estos cambios desconcertantes por parte de muchas iglesias cristianas, tanto evangélicas como la católica, fue una condenación de lo «moderno» en todos sus aspectos. En Europa, América Latina y los Estados Unidos líderes religiosos rechazaron los intentos de estudiar la Biblia a fondo a base de los descubrimientos de fuentes nuevas y con herramientas históricas y lingüísticas. La llamada «crisis modernista» afectó la manera de ver y conocer la Biblia por mucho tiempo.

La Biblia en la Iglesia Católica Romana en el siglo XX

Antes de 1920, la Iglesia Católica Romana mostraba poco interés en el estudio de la Biblia —una tendencia enfatizada por su postura en cuanto a la Reforma. En el siglo XVI los protestantes se habían separado de la iglesia de Roma bajo el lema de «sola scriptura». Los protestantes, o evangélicos, querían conocer a Dios por medio de la Biblia, sin el filtro de las tradiciones eclesiales. Los católicos romanos conocían a Dios por medio del «cáliz y el altar», es decir el sacrificio de la eucaristía (la santa cena). La Biblia estaba presente para los católicos romanos en el canto de los Salmos por los religiosos en la lengua latina. Los idiomas vernáculos se utilizaban en pocas instancias. A veces se oían porciones de la Biblia en los sermones que se predicaban en las misas, aunque los temas principales de éstas eran la doctrina de la iglesia, los santos y la vida espiritual. El vernáculo se usaba en los himnos cantados en las confraternidades de laicos y éstos a veces se basaban en porciones bíblicas. La iglesia advertía a los feligreses del peligro de la lectura e interpretación bíblica no guiada por los sacerdotes.

Los eruditos de la Biblia en la larga historia de la Iglesia Católica Romana tenían tradiciones de interpretación que se remontaban a la época patrística (los primeros siglos del cristianismo). Había cuatro «sentidos» de las Escrituras: literal, alegórico, moral y analógico. El sentido literal seguía lo que se contaba conforme a la letra del texto, capturando el sentido exacto de las palabras. En el sentido alegórico, una cosa aparece en la narración mientras la realidad está en el fondo. Jesucristo utilizó el sentido alegórico en algunos dichos y parábolas. Muchas veces en la interpretación patrística y medieval el sentido alegórico comparaba los textos dentro de las Escrituras, sobre todo entre el Nuevo Testamento y el Antiguo Testamento. En ciertas instancias este método se concentraba en una interpretación tipológica: una figura del Antiguo Testamento era vista como un tipo o modelo de una figura del Nuevo Testamento. Por ejemplo, Adán era visto como el precursor de Jesucristo. El sentido moral contaba con la instrucción ética que se puede ver en el texto bíblico. El sentido analógico buscaba la dimensión que nos lleva a la salvación en el Reino de Dios. También se hablaba del sentido espiritual que los intérpretes patrísticos y medievales descubrían.

A pesar de este énfasis en el estudio bíblico tradicional, había algunos estudiosos católicos romanos que seguían el ejemplo de Richard Simón. Trabajaban calladamente, y no publicaban sus obras.

En 1869 el Papa Pío IX convocó el primer Concilio Vaticano, que era el primer concilio ecuménico en 500 años, para afirmar el lugar del Papa como el obispo y jefe de todo el cristianismo. Este concilio declaró, por primera vez en la historia de la iglesia, la infalibilidad del Papa cuando habla *ex cátedra* (de una forma oficial). El concilio también afirmó que toda Escritura Sagrada es inspirada por el Espíritu Santo. Esta postura intentaba callar a los eruditos católicos romanos que usaban los métodos críticos para estudiar la Biblia. Con la llegada de León XIII al pontificado, el acercamiento al estudio de la Biblia empezó a cambiar. El 30 de septiembre, de 1893 el Papa promulgó una encíclica, *Providentissimus Deus*. Ese día era la fiesta de San Jerónimo, quien había dicho que la ignorancia de las Escrituras era ignorancia de Jesucristo, y esta admonición ahora se empezó a escuchar. El Papa apoyó a los estudiosos católicos romanos que utilizaban las herramientas científicas para discutir el sentido de los textos sagrados. León XIII también recomendó el estudio de la Biblia en los seminarios y las universidades. En 1902 León XIII creó un comité especial en el Vaticano para dar consejo sobre los asuntos bíblicos, la Comisión Bíblica Pontificia. A los pocos años la comisión actuó para silenciar a algunos eruditos que investigaban la Biblia por métodos histórico-críticos. Aunque el Papa y algunos cardenales valoraban estos estudios, había temor de las consecuencias posibles.

El Santo Oficio, que todavía existía en Roma (aunque distinto de la antigua Inquisición española), promulgó el decreto *Lamentabili*, en 1907, para condenar los métodos histórico-críticos en las cuestiones de teología o la Biblia. El Papa Pío X apoyó esta condenación en su carta, *Pascendi*, donde instruyó a los obispos de purgarse de «la infección modernista» entre los clérigos. Algunos libros fueron prohibidos y los sacerdotes tenían que hacer juramento contra el modernismo.

En la Iglesia Católica Romana se sintió un cambio de actitud hacia la Biblia en 1920 con la carta encíclica *Spiritus Paraclitus*, por el Papa Benedicto XV. Para celebrar el décimo-quinto centenario de la muerte de San Jerónimo, el Papa animó a los cristianos a leer diariamente la Biblia, sobre todo el Nuevo Testamento. Los eruditos de la Biblia en España, Roma y Jerusalén se dedicaban más que nunca al estudio y la traducción. El padre Marie-Jean Lagrange (1855-1938) fundó la Escuela Bíblica de Jerusalén, donde se han formado tres generaciones de biblistas. En Madrid un grupo de biblistas fundó la Asociación para el Fomento de los Estudios Bíblicos en España.

En 1943 el Papa Pío XII publicó la encíclica *Divino Afflante Spiritu*. Esta carta animaba la investigación de la Biblia, las traducciones nuevas basadas en los idiomas originales, y la lectura y estudio de la Biblia entre los laicos. A los obispos se les encargó de la distribución de la Biblia en sus diócesis.

El año siguiente, 1944, se publicó la primera Biblia católica romana traducida al español de los idiomas originales: del hebreo por Eloíno Nácar y del griego por Alberto Colunga. Con esta Biblia se inauguró una nueva casa editorial, la Biblioteca de Autores Cristianos, que ha publicado muchas obras de alta calidad. La Nácar-Colunga se distinguió por sus amplias notas, su castellano correcto y su amplia distribución con más de siete millones de ejemplares.

La recepción de la encíclica *Divino Afflante Spiritu* muestra la ambivalencia con que las autoridades católicas romanas se acercaban a los estudios bíblicos y el uso del vernáculo. En algunos casos los obispos dudaban de la sabiduría de estos cambios, y la cuestión se debatía mucho. En 1950 el mismo Papa Pío XII publicó otra encíclica, *Humani Generi*. Esta carta contiene una advertencia del peligro de avanzar con demasiada prisa, y la necesidad de emplear el discernimiento en los estudios bíblicos. A pesar de esta cautela, el Papa no condenó a ningún erudito ni ninguna clase de investigación.

Las conversaciones sobre los estudios bíblicos y el idioma en que se leía la Biblia también resonaron fuera de Roma y los centros académicos. El Consejo Episcopal Latinoamericano (CELAM), una organización de los obispos en América Latina creada en 1955, abogó por cambios profundos. El CELAM, la primera organización episcopal de toda una región dentro de la Iglesia Católica Romana, buscaba un reexamen de las posiciones eclesiásticas en cuanto a la Biblia y otros asuntos en la vida cristiana.

Las inquietudes sobre el uso —o falta de presencia— del vernáculo tomaron un camino poco esperado para algunos —pero inevitable para otros— en 1958, con la coronación de un nuevo Papa. Juan XXIII había sido visto por los cardenales como conservador, y tal vez como un Papa provisional por su edad avanzada. Hubo sorpresa cuando, poco después de su elección, el Papa anunció la planificación para un concilio que sería conocido después como el Segundo Concilio Vaticano, o Vaticano II (1962-1965). Esta reunión no se convocó para corregir ningún error ni aclarar la doctrina. Por primera vez los obispos iban a consultar a nivel internacional sobre la naturaleza pastoral de la iglesia. El estudio de la Biblia y el uso del vernáculo eran dos de los temas para este concilio nuevo, todo dentro de un contexto pastoral.

La Biblia en español

La Comisión Bíblica Pontificia presentó un documento de estudio, *Sancta Mater Ecclesia*, también conocido como «La Verdad Histórica Del Evangelio», en preparación para el concilio. Este documento afirmaba las bases históricas de la narrativa bíblica y su contexto en los tiempos de Jesucristo, los apóstoles y la iglesia antigua. Sobre la Biblia *Sancta Mater Ecclesia* declara:

- la composición de la Biblia fue un proceso largo y complejo;
- la palabra divina fue inspirada por el Espíritu Santo e informada por la comunidad cristiana de los primeros siglos;
- hubo tres etapas de composición: la verbal, la escrita y la redacción;
- las Escrituras son una garantía absoluta de la transmisión fiel de la revelación de Dios a su pueblo.

Durante cuatro años los obispos se reunieron, debatiendo cómo debía ser la iglesia en el siglo veinte, y cómo los sacerdotes podían ser más fieles a su vocación pastoral. El tema de la Biblia resultó ser de suma importancia en las discusiones y en los documentos que se aprobaron.

Por fin el concilio aprobó legislación sobre la Biblia en la vida de la iglesia, *Dei Verbum*, «La Constitución Dogmática sobre la Divina Revelación». Una constitución dogmática representa la autoridad más alta de la iglesia. Este documento, discutido por los obispos de todo el mundo, confirmó la centralidad de la Biblia para los católicos romanos. La perspectiva católica romana contaba con tres fundamentos:

- prestar atención al contenido y la unidad de toda Escritura.
- leer la Biblia dentro del contexto de la tradición viviente de la iglesia.
- reconocer que la revelación divina incluye todas las verdades que Dios imparte.

La formación pastoral debía incluir más estudio bíblico, según *Dei Verbum*. Los estudiosos debían formarse en cursos avanzados. Las personas así preparadas podrían enseñar, investigar, escribir y publicar sobre la Biblia. De esta manera el conocimiento de la Biblia aumentaría entre los pastores y los feligreses. Es menester que los fieles tengan acceso fácil a la Biblia, que puedan escuchar y leer la Escritura en sus propios idiomas para conocer mejor a Jesucristo. Las traducciones debían ser de los idiomas originales. En el mismo capítulo (*Dei Verbum*, 22) se afirmó que sería bueno producir estas traducciones cooperando con los «hermanos separados», para el beneficio de todos los cristianos. Es decir, ahora los traductores católicos romanos podían trabajar con los evangélicos en la obra traductora.

La Biblia en las iglesias evangélicas en el siglo XX

La lectura y la interpretación personal de la Biblia constituyen el criterio de prueba para los evangélicos, desde la Reforma del siglo XVI hasta el presente. Hay gran variedad de ideas sobre la Biblia entre los evangélicos. En contraste con los católicos romanos, los evangélicos no se someten a una autoridad central; sus creencias religiosas e ideas sobre el estudio de la Biblia son múltiples. Durante el siglo XX las diversas opiniones sobre la lectura e interpretación de la Biblia engendraron diferencias y hasta conflictos entre los evangélicos. Todo ello tuvo consecuencias para la traducción de los textos sagrados.

Mientras algunos evangélicos aceptaban los estudios científicos sobre la Biblia como parte importante de su entendimiento de la fe cristiana, otros rechazaban cualquier intento de analizar el texto aparte del sentido literal. Esta situación se complicaba con la llegada de nuevos tipos de teología, como la interpretación dispensacionalista (de fines del siglo XIX en adelante), las teologías apocalípticas y la teología de la liberación (desde la década de 1960).

En algunas instancias los intentos de introducir otros criterios, como los de la crítica histórica, han sido vistos como un asalto contra la base del cristianismo protestante. Por éstas y otras razones el fundamentalismo bíblico ha dominado entre los cristianos más conservadores. Desde esta perspectiva, se ve cada palabra de la Biblia como inspirada divinamente, infalible e intocable.

La interpretación protestante clásica se ha fijado en el sentido original del texto. El desafío de esta manera de acercarse a la Biblia es reconocer cuál fue el sentido original. Por más de tres siglos, los evangélicos de habla española han utilizado la Reina-Valera, publicada en 1569, de la Edad de Oro de las letras españolas. Esta obra venerable ocupa un espacio casi tan central para los evangélicos como el que tuvo la Vulgata para los católicos romanos. Generaciones de creyentes conocían alguna de las ediciones de la Reina-Valera, que todavía se usa. Parte de la razón para el predominio de la Reina-Valera es la calidad especial de su lenguaje: un castellano elegante y poético. Sin embargo, este lenguaje clásico no ha sido fácil de entender para muchas personas. En 1950 se nombró un comité para revisar la Reina-Valera. La nueva versión contenía referencias recíprocas, explicaciones y una concordancia, pero no cambió mucho el lenguaje mismo. Después se han publicado muchas revisiones, algunas basadas en la versión de Valera de 1602 (accesible a todos por falta de derechos reservados para una obra histórica), y otras basadas en las versiones más modernas (propiedad de las sociedades bíblicas actuales). Es cierto que la Reina-Valera siempre tendrá un lugar especial para los de habla española. Al mismo tiempo, se ve la necesidad de preparar otras versiones de la Biblia para hacerla más accesible.

Las Sociedades Bíblicas y las traducciones

Tener acceso a la Biblia quiere decir tener un libro a la mano, y poder leer o escucharlo. Las principales fuentes de Biblias en América Latina durante los siglos XIX y XX fueron las sociedades bíblicas de Gran Bretaña y los Estados Unidos. Los protestantes de esos países, como los metodistas, bautistas, presbiterianos y otros, apoyaban el trabajo bíblico de la BFBS y la ABS. No había participación de parte de los católicos romanos, los ortodoxos ni muchas iglesias protestantes independientes.

El trabajo de las sociedades bíblicas, que empezó en 1804, evolucionó y llegó a incluir mucho más que imprimir y distribuir la Biblia. Los directores de esas sociedades se daban cuenta de la necesidad de fomentar el liderazgo y establecer sociedades bíblicas al nivel local dentro de los países donde obraban. Con el fin de ampliar la distribución de la Biblia en todo el mundo, reclutaban personas de muchas culturas y lenguas —colportores, agentes, traductores, pastores y laicos.

La Segunda Guerra Mundial (1939-1945) involucró a toda Europa y grandes partes de América, Asia y África en un conflicto sangriento y devastador. En un eco de la historia de tiempos bélicos pasados, otra vez las sociedades bíblicas enfrentaban la necesidad de proveer Biblias a los prisioneros de guerra. Tenían que preparar los textos tanto para los católicos romanos como para los evangélicos en diversas lenguas: alemán, polaco, ruso, griego, búlgaro, etc. Como había escasez de papel, de imprentas, de transporte y de dinero, las sociedades bíblicas locales e internacionales tenían que cooperar y depender de otros para cumplir con sus tareas.

En 1946, inmediatamente después de la guerra, representantes de las sociedades bíblicas inglesas, norteamericanas y europeas se reunieron para discutir las necesidades de su trabajo. Con el fin de fortalecer la obra, decidieron formar las Sociedades Bíblicas Unidas (UBS por las siglas en inglés), para apoyar a todas las organizaciones que se dedicaban a la distribución de la Biblia. Las UBS se constituyeron como una red, o fraternidad, de sociedades nacionales, iglesias, grupos e individuos. Cada sociedad nacional mantenía su propia identidad.

Había una variedad de desafíos para las sociedades bíblicas en la segunda mitad del siglo XX. Muchos grupos todavía no tenían una traducción de la Biblia en su propio idioma. La falta de sistemas de educación primaria en algunos lugares indicaba la necesidad de alfabetización. En ciertas circunstancias, los «lectores nuevos» tenían que aprovecharse de textos bíblicos en un idioma extranjero, porque el suyo todavía carecía de una traducción y hasta de un alfabeto para facilitar la traducción. Las UBS también se dieron cuenta de la falta de calidad en algunas de las traducciones ya hechas. Cuando los primeros misioneros de Europa y los Estados Unidos encontraban a un grupo lingüístico poco conocido, algunos se dedicaban a la obra de poner las Escrituras en una lengua en la que ellos mismos, los «traductores», no eran competentes. Era necesario revisar esas traducciones inadecuadas. Para esta tarea hacían falta traductores bien preparados, que dominaran el idioma en que se iban a traducir las Escrituras y también entendieran los idiomas originales, el hebreo y el griego. En vista de todo esto, las UBS se dedicaron a la traducción además de imprimir y distribuir la Biblia.

Las necesidades relacionadas con el traducir requerían un énfasis en los estudios lingüísticos, basados en el análisis de idiomas, con el fin de comunicar el Evangelio. En 1943 la ABS en Nueva York empleó a un joven lingüista, graduado en griego y estudios de antropología cultural, Eugene Nida. El objetivo de Nida era ayudar a los traductores que venían de una gran variedad de culturas, y hacerlo desde los inicios de su labor. Las UBS implementaban encuestas para conocer mejor la situación actual en la distribución y el uso de la Biblia mundialmente. Empleaban a lingüistas y otros eruditos, personas que podían trabajar como miembros de un equipo en diferentes partes del mundo, para servir como asesores a los traductores. La comunicación y la estructura de los idiomas se estudiaron más a fondo para poder traducir la Biblia a idiomas poco conocidos. Se evaluó la comprensión, es decir, cómo una persona capta el sentido profundo de las palabras cuando lee o escucha la Escritura.

La cultura determina la comprensión en muchas instancias. Por ejemplo, hay sociedades donde uno no ama «de todo corazón», sino «de todo hígado». Decir que uno debe «amar a Dios de todo tu corazón» tiene que traducirse como «amar a Dios de todo tu hígado» si los lectores de esa cultura han de comprender el gran mandamiento de Deuteronomio 6. En otra instancia reveladora, se analizó la traducción del concepto de perdonar en la lengua Shilluk, un idioma hablado en Sudán y regiones adjuntas. Cuando un juez de la tribu decide la inocencia de un acusado, lo indica escupiendo en la tierra. Esto quiere decir que todo está perdonado. Para traducir la Biblia a Shilluk, el perdón de Dios se identifica con esa costumbre de escupir como indicación del perdón.

Los lingüistas de la UBS elaboraron toda una teoría de la traducción, con muchas ayudas para los traductores de todo el mundo. Estos conocimientos, descubiertos a través de sesenta años de experimentos, contribuyen no sólo al campo de los estudios bíblicos sino también a la ciencia de la lingüística y al arte de la literatura.

Desde el principio, las UBS apreciaban el hecho de que un traductor tiene que empezar con un texto: hay que tener el documento que se va a poner en otro idioma. Para el Nuevo Testamento, ese texto era el griego del primer siglo. Como Erasmo en tiempos de la Reforma, los lingüistas de las UBS se dedicaron a la preparación del texto griego del Nuevo Testamento, basados en las mejores fuentes conocidas en el siglo veinte. Este Nuevo Testamento en griego era específicamente para traductores, con notas y explicaciones sobre el sistema lingüístico de ese idioma antiguo.

Durante muchos años Eugene y Althea Nida visitaron a traductores en sus centros de trabajo para prestar servicios a las personas que hacían la labor de poner la Biblia en su propio idioma. Una revista, *The Bible Translator*, fue creada para que los traductores y los estudiosos pudieran compartir sus experiencias y recomendaciones. En el campo de la traducción, una de las obras principales de la UBS fue la serie de libros, *Helps for Translators* («Ayudas para los traductores»). Nida escribió una cantidad de libros y artículos en inglés, algunos traducidos a otros idiomas, para ayudar a los traductores.

Las traducciones nuevas

William L. Wonderly, un joven misionero bautista, había empezado el estudio de la lengua zoque, de los estados de Chiapas y Tabasco, México, en 1938, con el fin de traducir el Nuevo Testamento a ese idioma. En el proceso de esa labor, Wonderly desarrolló la «equivalencia dinámica», un método nuevo de traducción que comunica el sentido de las Escrituras a lectores nuevos. Wonderly reconoció que muchas personas podían alfabetizarse sin mucha educación formal. Necesitaban materiales populares, fáciles de entender, escritos en su propio dialecto. Esto no quiere decir que el mensaje que se comunica sea fácil, sino que la manera de escribirlo produce un texto de fácil lectura.

La equivalencia dinámica tiene tres funciones:

1. informativa,
2. expresiva,
3. imperativa.

Este método enfatiza la comprensión del «receptor», la capacidad de sentir la importancia o relevancia del mensaje, y la capacidad de motivar a los receptores a responder con acción. La traducción debe tener en los receptores el mismo efecto que tenía en los primeros cristianos que respondían al mensaje cuando se les presentaba en sus idiomas. Los lingüistas que traducían la Biblia a idiomas sin alfabetos, como Wonderly, querían que su mensaje fuese bien entendido.

En América Latina el desafío era preparar una versión del Nuevo Testamento para personas recién alfabetizadas, en un lenguaje que pudiesen comprender. La Sociedad Bíblica Americana auspició una traducción totalmente nueva, de los idiomas originales, al español actual. Entre el grupo que participó en la traducción había un poeta y eruditos de seminarios latinoamericanos. Antes de publicar la nueva traducción, se distribuyó entre centenares de grupos e individuos en América Latina y España. Se pidió el comentario sincero y abierto, para indicar dónde se necesitaban más revisiones. Después de recibir los comentarios, se revisó la nueva traducción para mejorarla.

Dios llega al hombre, también conocida como la Versión Popular, salió en 1966, con ilustraciones de la dibujante suiza Annie Valloton. La primera tirada de 100,000 ejemplares se agotó pronto. Esto causó sorpresa, porque se había estimado que este número sería suficiente para dos o tres años. Otros 100,000 ejemplares se vendieron pronto. Dentro de dos años se habían distribuido dos millones de ejemplares de este Nuevo Testamento.

El prefacio a la segunda edición de 1970 dice que el propósito fue «expresar el significado del original griego en el castellano de hoy, en forma accesible pero castiza, dando preferencia a los vocablos y construcciones gramaticales que son propiedad de todos los niveles de la cultura». Esta era la primera versión del Nuevo Testamento traducida siguiendo el principio de la equivalencia dinámica, como habían abogado Wonderly y otros. *Dios llega al hombre* fue seguido por la versión popular en inglés, *Good News For Modern Man*. En un lapso de seis años la ABS declaró haber vendido 35,000,000 ejemplares de la versión en inglés.

Dios llega al hombre es una traducción de dinámica equivalencia. Alfredo Tépox Varela explica cómo esta nueva versión es distinta de las otras:

> ...en Marcos 1.4 el texto griego dice literalmente que «apareció Juan bautizando en el desierto, y predicando el bautismo de arrepentimiento para perdón de pecados». En *Dios llega al hombre* se hace notar que los cuatro sustantivos abstractos son, en realidad, cuatro acciones que alguien realiza o que afectan a alguien. Esta «verbalización» de los sustantivos abstractos fue una de las muchas contribuciones de *Dios llega al hombre* para la fácil comprensión del texto bíblico....Porque «bautismo» es una acción que alguien recibe; «arrepentimientos» es la acción de alguien que se arrepiente; «perdón» es la acción magnánima que alguien (en este caso, Dios) concede, y «pecado» es la acción resultante de pecar. Para el lector poco ejercitado en la lectura es, pues, más fácil entender este mismo texto según la versión de *Dios llega al hombre*:
>
> *Sucedió* que Juan se *presentó* en el desierto *bautizando* a la gente; les *decía* que *debían volverse* a Dios y *ser bautizados* para que Dios les *perdonara* sus pecados.
>
> Como puede notarse, las acciones expresadas por los verbos sencillos y claros (escritas en bastardillas en este ejemplo) predominan aquí. La misma idea de «arrepentirse» fue aclarada con la frase verbal «volverse a Dios», que es en efecto el sentido del verbo griego *matanoeo* (Tépox Varela 2006, 16).

La demanda de *Dios llega al hombre* era tanta que nunca había ejemplares suficientes. Este fenómeno era un misterio para los distribuidores en México, donde fue publicado. Los líderes evangélicos no conocían de la existencia de tantos lectores de habla española. ¿Quién estaba comprando todos esos Testamentos? No se había tomado en cuenta, dentro de la comunidad de las sociedades bíblicas, la exhortación del concilio Vaticano II a los católicos romanos a conocer mejor la Biblia. Resultó que esta nueva versión del Nuevo Testamento en español apareció por primera vez inmediatamente después del concilio.

En 1975 se introdujo una nueva traducción católica romana, la *Nueva Biblia española* traducida por Luis Alonso Schökel (Antiguo Testamento) y Juan Mateos (Nuevo Testamento). Esta Biblia también es de equivalencia dinámica, y ha sido elogiada por la buena calidad de la traducción y su castellano agradable. Schökel encabezó una revisión en 1993, publicada como la *Biblia del peregrino*.

La Biblia entera se publicó en la versión popular, *Dios habla hoy*, en 1979, también con las ilustraciones. Pronto se publicó una edición para España, utilizando la gramática corriente allí, particularmente en lo que se refiere a la segunda persona plural, «vosotros».

Más tarde aparecieron otras ediciones, una titulada *Santa Biblia: Versión Popular*, con notas extensas, mapas, glosario y «ayudas especiales para el lector», en formato rústico y a un precio bajo. De esta manera resultaba posible tener todo un curso de Biblia con este ejemplar como texto y obra de referencia.

Las Biblias interconfesionales

Mientras los católicos romanos abrazaban la Versión Popular, algunos evangélicos planteaban cuestiones serias. Parte del problema era que la gente se había acostumbrado a leer sólo una versión, la Reina-Valera, y no les parecía que otra traducción fuese la Biblia verdadera. Sin embargo, el problema mayor era el acercamiento de los católicos romanos a la obra traductora. Los evangélicos de habla española compartían una larga y conflictiva historia con los católicos romanos. No eran sólo las persecuciones del pasado; en algunas regiones los evangélicos todavía sufrían discriminación y hasta violencia por no ser parte de la Iglesia Católica Romana.

En las UBS se había reconocido el «movimiento bíblico» que crecía desde las parroquias en muchas partes del mundo. Después del Segundo Concilio Vaticano los católicos romanos gozaban de un deseo enorme de llevar la Biblia, en los idiomas vernáculos, a todos sus feligreses. Como las UBS ya habían experimentado más de siglo y medio supliendo ese mismo deseo, podían ayudar a los católicos romanos. Las UBS cooperaban con los católicos romanos prestándoles las placas de las traducciones de ciertos idiomas, como el Suahilí de África oriental.

En Roma, el cardenal Agustín Bea, director de la Comisión Bíblica Pontificia, valoraba la labor de los biblistas de su iglesia, callados por muchos años, apoyándoles ahora para llevar la Biblia a los fieles. Walter M. Abbott, S.J., un erudito bíblico y ayudante de Bea, y otros estudiosos de la Biblia asistieron a varios congresos regionales de las UBS. En 1968 los católicos romanos y los representantes de las UBS sentaron los principios para la cooperación en la traducción bíblica. El secretario Layton Holmgren, de la ABS, visitó a los representantes de las UBS en América Latina para discutir los principios para la cooperación con los católicos romanos. A pesar de dudas de parte de grupos evangélicos y católicos romanos, se adoptaron estos principios en una serie de reuniones entre 1968 y 1987.

El congreso regional de las Américas se reunió en Oaxtepec, México a finales de 1968. Walter Abbott y Jorge Mejía, también sacerdote católico romano, representaron a la Iglesia Católica Romana en un congreso regional de las UBS donde presentaron las ideas adoptadas en el Segundo Concilio Vaticano. Esta ocasión era la primera vez que muchos de los líderes evangélicos se habían encontrado con líderes católicos romanos en un espíritu de cooperación, y la ansiedad se sentía en el ambiente de la reunión. En su ponencia el padre Abbott articuló las dudas de parte de los evangélicos en cuanto a una cooperación con los católicos romanos.

- ¿Se puede tomar en serio esta conversión por parte de Roma?
- Si cooperamos, ¿podemos mantener nuestra independencia?
- ¿Será nuestra traducción comprometida por la doctrina católica romana?
- ¿No será que los católicos romanos están aprovechándose de nuestro trabajo y dinero?

A pesar de las dudas, las UBS se comprometieron a publicar una versión popular interconfesional en lengua española. Esta versión recibiría el imprimátur de los obispos católicos romanos, y sería distribuida dentro de su comunidad. El problema de los libros deuterocanónicos (La apócrifa) no estaba resuelto para algunos evangélicos. Los católicos romanos, los luteranos y los ortodoxos requerían esos libros como parte íntegra de su Biblia, y la mayoría de los protestantes no los incluían. Las sociedades bíblicas habían llegado a un acuerdo para proveer la Biblia a todos en el siglo XIX: se habían publicado dos versiones, una con los libros deuterocanónicos y otra sin ellos. Las iglesias individuales podían escoger cuál versión querían, pero si se iba a preparar una versión interconfesional, para todos, no sería posible omitir los libros apócrifos. Dada esa determinación, las sociedades bíblicas en algunas localidades, principalmente del cono de Sudamérica, no querían participar en este proyecto de publicar una Biblia interconfesional.

Había católicos romanos que tampoco se satisfacían con la nueva traducción. Hay partes de la tradición, la doctrina y hasta del dogma de la iglesia que dependen de la traducción de San Jerónimo. Cuando esa traducción fue suplantada por las versiones nuevas, algunos cuestionaron lo que eran creencias básicas para la Iglesia Católica Romana. Por esa y otra razones, la Versión Popular no era aceptada en todas partes del mundo católico romano de habla española. Sin embargo, cuando el Papa visitó América Latina, se distribuyeron millones de Biblias, Testamentos y porciones de la Versión Popular. Los católicos romanos se organizaron en grupos de estudio, utilizando estas Biblias, en preparación para la visita papal. Esta versión sigue siendo una de las más utilizadas en el mundo de habla española hoy.

Las traducciones a finales del siglo XX

Hoy en día hay una multitud de traducciones de la Biblia en lengua española. Una búsqueda en la red electrónica revela decenas de traducciones. También se han formado más sociedades para la impresión y la distribución de la Biblia. Más de quince de éstas se han reunido bajo el título de «Foro de Agencias Bíblicas» con el fin de mantener una alta calidad en todas las traducciones.

Hoy la persona, el grupo, la iglesia, el colegio, la universidad y el seminario cristiano pueden estudiar la Biblia en todos los países de habla española. Hay una gran variedad de herramientas de alta calidad para este estudio, desde todas las perspectivas, abrazando toda clase de teología. Los pioneros de la traducción, desde los judíos sefardíes hasta Casiodoro de Reina y Cipriano de Valera, e inclusive los traductores del presente, nos han preparado el camino. Les honramos con la lectura profunda y cuidadosa de la Biblia.

Bibliografía selecta

Álvarez-Pellitero, Ana María. *La obra lingüística y literaria de Fray Ambrosio Montesino.* (Valladolid: Dpto. de Lengua y Literatura, Universidad de Valladolid, 1976).

Caballero, Fermín. *Alonso y Juan de Valdés: edición facsímile del original publicado en 1875.* (Cuenca: Ayuntamiento de Cuenca, Instituto Juan de Valdés, 1995).

Crowe, Frederick. *La Biblia en Guatemala, (1841-1846).* Traducido por David Escobar. (Aberdeen, MD: David Escobar, 1986).

Deiros, Pablo Alberto. *Historia del cristianismo en América Latina.* (Buenos Aires: Fraternidad Teológica Latinoamericana, 1992).

Enzinas, Francisco de. *Memorias: Historia de los Países Bajos y de la Religión de España.* Traducido del latín por Francisco Socas. (Madrid: Ediciones Clásicas, 1992).

Flores, José. *Historia de la Biblia en España.* (Barcelona: Editorial CLIE, 1978).

García Cárcel, Ricardo. *La Inquisición.* (Madrid: Anaya, 1990).

González, Jorge A. *Casiodoro de Reina. Traductor de la Biblia en español.* (México: Sociedades Bíblicas Unidas, 1975).

González, Justo L. *Historia del cristianismo,* Ed. Rev., en 2 tomos. (Miami, FL: Unilit, 1994).

Hassan, Iacob M., ed. *Introducción a la Biblia de Ferrara. Actas del simposio internacional. Sevilla, noviembre de 1991.* (Sevilla: Sociedad Estatal Quinto Centenario, 1994).

Jerónimo, San. *Cartas de San Jerónimo.* Traducción, versión y notas por Daniel Ruiz Bueno. (Madrid: Biblitoteca de Autores Cristianos, 1962).

Metzger, Bruce M. *The Text of the New Testament,* 3rd Ed. (New York and Oxford: Oxford University Press, 1992).

Moraleja, Ricardo, Carlos López, Juan Antonio Monroy y Gabino Fernández. *Alcalá y la Biblia.* (Madrid: Consejo Evangélico de Madrid, Consejería De Educación y Cultura, 2001).

Morreale, Margherita. «Apuntes bibliográficos para la iniciación al estudio de las traducciones bíblicas medievales en Castellana» *Sefarad* XV (1960): 166-107.

Nieto, José C. *El renacimiento y la otra España.* (Ginebra: Librerie Droz, 1997).

Pueyo Mena, Francisco. *Biblia romanceada.* (Madison, WI: The Hispanic Seminary of Medieval Studies, Ltd., 1996).

154

Bibliografía selecta

Reinhardt, Klaus y Horacio Santiago Otero. *Biblioteca bíblica ibérica medieval.* (Madrid: Consejo Superior de Investigaciones Científicas, 1986).

Rosales, Ray S. *Casiodoro de Reina: patriarca del protestantismo hispano.* (St. Louis, MO: Concordia Publishing House, 2002).

Salem, Luis D. [Aristomeno Porras]. *Grandes amigos de la Biblia.* (México: Sociedades Bíblicas Unidas, 1975).

Sánchez Caro, José Manuel. *La aventura de leer la Biblia en España.* (Salamanca: Kadmos, 2000).

Tépox Varela, Alfredo. «Hace cuarenta años», *La Biblia en las Américas,* 6 Vol. 61, No. 278 (2006): 15-1; No. 279 (2006): 28-30.

Walker, Joseph M[artin]. *Historia de la Inquisición Española.* (Madrid: Edimat Libros, 2004).

Werckmeister, O[tto] K[arl]. «Art of the Frontier, Mozarabic Monasticism», en *The Art of Medieval Spain A.D. 500-1200,* editor in chief John O. O'Neill, 121-162. (N.Y.: Metropolitan Museum of Art, 1993).

Williams, John. *Early Spanish Manuscript Illumination.* (N.Y.: George Braziller, 1977).

www.bac-editorial.com/home.htm

www.iglesiareformada.com

www.protestantedigital.com

Índice

CPSIA information can be obtained
at www.ICGtesting.com
Printed in the USA
FFOW01n0211130715
15090FF